MÉLANGES D'ARCHÉOLOGIE

Paris. — Imprimerie Pillet fils aîné, 5, rue des Grands-Augustins.

MÉLANGES

D'ARCHÉOLOGIE

PAR

P. CHARLES ROBERT

MEMBRE DE L'INSTITUT

PARIS

J.-B. DUMOULIN, LIBRAIRE

DE LA SOCIÉTÉ NATIONALE DES ANTIQUAIRES DE FRANCE

QUAI DES GRANDS-AUGUSTINS, 13

—

1875

NOUVEAU CACHET D'OCULISTE ROMAIN

NOUVEAU

CACHET D'OCULISTE ROMAIN

I

Les sceaux d'oculiste, qu'on les considérât encore comme des œuvres cabalistiques ou qu'une critique tardive leur eût rendu leur véritable caractère, ont toujours compté parmi les objets antiques que l'on a recueillis avec le plus de soin. En 1774, Sax[1] connaissait déjà dix-neuf de ces petits monuments, et Tôchon d'Anneci[2] trente en 1816. Grivaud

1. Epistola ad Henricum van Wyn de veteris medici ocularii gemma sphragide, prope Trajectum ad Mosam nuper cruto.
2. Dissertation sur les pierres antiques qui servaient de cachets aux médecins oculistes. Paris, in-4°, 74 pages.

de la Vincelle[1], Bottin[2], Rever[3] et Éloi Johanneau[4], apportèrent bientôt un nouveau contingent. De son côté, M. de Saint-Mémin[5] commenta deux inscriptions sigillaires nouvelles et deux autres passées pour ainsi dire inaperçues, bien qu'ayant paru dès 1809 dans le *Mémorial encyclopédique*[6]. Ces travaux et des ouvrages peu connus en France, tels que celui de Gough[7], ont permis à Duchalais de lire, en 1846, à la Société des Antiquaires un fort bon mémoire[8] dans lequel il passait en revue cinquante sceaux. Puis, les découvertes aidant, le docteur C.-L. Grotefend, de Hanovre, a pu élever le nombre de ces antiques à quatre-vingt-six dans le *Philologus*[9], et le docteur Sichel à cent deux dans une monographie précieuse, mais plus médicale qu'épigraphique[10]. Enfin, en 1866, le premier de ces deux auteurs a repris la plume et réuni en un corpus[11] toutes les inscriptions à lui connues, dont il élevait à cent douze le nombre qu'il portait peu après à cent quatorze par un article inséré dans le *Bulletin de l'Institut archéologique*

1. Recueil de Monuments antiques découverts dans l'ancienne Gaule.

2. Mémoire de la Société des Antiquaires de France, T. II, p. 449 à 463.

3. Supplément au Mémoire sur les Antiquités de Lillebonne. Évreux, 1821.

4. Mélanges d'Archéologie publiés par M. Bottin. 1825, p. 109 à 118.

5. Article publié dans les Mémoires de la Commission des Antiquités du département de la Côte-d'Or. 1832-1833, p. 122 à 129.

6. T. I, p. 102, article de M. Lenz, et T. II, p. 105, article de M. Baudot.

7. Gough, Observations on certain stamps or seals used anciently by the oculists.

8. Observations sur les cachets des médecins oculistes romains; Mémoires de la Société des Antiquaires de France. T. XVIII, p. 156 et suiv.

9. T. XIII, p. 122; T. XIV, p. 627 et T. XXV, p. 153.

10. Nouveau recueil de pierres sigillaires d'oculistes romains; in-8° de 119 pages; extrait des Annales d'oculistique. L'auteur avait déjà publié en 1845 cinq cachets inédits de médecins oculistes. Ces deux ouvrages ont savamment approfondi la question des médicaments. M. Sichel, lorsqu'il mourut, se proposait de donner une forme définitive à son œuvre et d'y classer les sceaux dans un ordre plus rationnel que celui de leur découverte.

11. Die Stempel der rœmischen Augenærzte; in-8 de 134 p. Hanovre, 1867.

de Rome[1]. Et cependant on est loin d'avoir décrit tous les sceaux retrouvés, car M. Léon Renier, à qui il appartient de dire le dernier mot sur ces curieuses pierres, en compte déjà cent vingt-huit, c'est-à-dire quatorze de plus que M. Grotefend. Mon cachet est donc le cent vingt-neuvième. Avant de le décrire, je vais résumer quelques données acquises et rétablir des faits mal compris qui me paraissent nécessaires à son intelligence.

Les cachets d'oculiste sont en pierre tendre ou en schiste; ils affectent d'ordinaire la forme de plaques rectangulaires sur les tranches desquelles sont gravés en creux et de droite à gauche le nom du collyre et presque toujours celui du personnage. La fin de l'inscription indique souvent les propriétés du remède ou la manière de l'administrer.

Les plats d'un grand nombre d'exemplaires présentent des graffiti tracés à la pointe et composés soit de certaines figures, soit de mots destinés, sauf quelques exceptions, à se lire régulièrement de gauche à droite. Il ne faut pas attacher trop d'importance à ces fugitives inscriptions, dont plus d'une était simplement le résultat de l'habitude qui porte les soldats dans les corps de garde, les enfants dans les colléges à buriner capricieusement des traits plus ou moins significatifs sur tout ce qui est à leur portée ou leur sert journellement. Or, les surfaces des plaques schisteuses, tendres et polies, étaient fort tentantes. Ces graffiti néanmoins, il est bon de le dire de suite, reproduisent quelquefois en toutes lettres ou en abrégé une partie de la légende des tranches, d'où il faut conclure, à mon avis, qu'ils avaient alors pour but de permettre à celui qui devait se servir d'un cachet de le reconnaî-

1. Année 1868, p. 104 et 105.

tre rapidement au milieu d'autres rangés à plat, bord à bord.

Duchalais[1] pense que les noms propres conservés par les pierres sigillaires sont ceux de médecins célèbres auxquels on devait l'invention du médicament. M. Sichel[2], au contraire, est disposé à reconnaître les vendeurs dans les personnages que désigne la légende. Quant à M. Grotefend[3], il se borne à constater que s'il était certain que les collyres portassent, autrement que par hasard, des nomsayant appartenu à des médecins connus, on pourrait faire en quelque sorte l'histoire chronologique de ces médicaments. Duchalais va trop loin. On sait, il est vrai, que de grands médecins ont composé des remèdes pour les yeux, et il n'est pas impossible que ce soit le Chariton de Galien[4] qui patronne le collyre d'une pierre de Dijon[5]; mais on trouve sur les cachets trop de noms d'hommes différents accolés au nom d'un même remède, et par exemple à celui du *diasmyrnes* ou du *dialepidos* de notre pierre, pour qu'on puisse raisonnablement considérer tous les personnages ainsi désignés comme des hommes célèbres, qui auraient consenti à donner leur nom à des préparations parfaitement connues et dont la base ne variait même pas. On ne saurait croire non plus, avec M. Sichel, que les oculistes ne vendissent dans l'antiquité que les remèdes de leur invention. Il est bien plus simple d'admettre que les noms d'hommes gravés en si grand nombre sur les cachets, s'ils rappellent parfois des médecins plus ou moins connus, ne révèlent le plus souvent que des charlatans ou de simples prati-

1. Op. laud.; titre du § 5, p. 166.
2. Op. laud.; conclusions; p. 117, n° 3.
3. Introd., p. 4.
4. Ed. de Kühn, t. XIII, p. 180.
5. Tôchon d'Anneci, p. 62, n° 5.

ciens[1]. Quant à la préparation effective du remède, elle était assez facile pour avoir lieu dans les moindres boutiques, où, grâce à plusieurs cachets[2], on pouvait livrer au malade sa drogue de prédilection; c'est ainsi que les choses se passent de nos jours pour divers produits qui se vendent estampillés, et qu'elles se passeraient plus souvent encore si le brevet d'invention n'existait pas.

On n'est pas d'accord sur l'emploi des sceaux d'oculiste. Plusieurs auteurs, et Duchalais après eux, ont prétendu qu'ils servaient aux potiers pour imprimer le nom des collyres liquides sur les parois des récipients destinés à les recevoir. On a retrouvé, en effet, un petit nombre de vases à médicaments, avec des inscriptions analogues à celles de nos cachets ; tels sont le vase de Tarente, qui fait aujourd'hui partie de la collection de M. le docteur Sichel fils, et sur lequel on lit : IACONOC ΛΥΚΙΟΝ[3] et un autre vase conservé à Londres, dont le fond porte en relief les mots suivants :

1. Duchalais cite (p. 171) une pierre de Cessy-sur-Tille, sur laquelle on lit : C· CL· PRIMITERENTIANV, et, fidèle à son système, il veut que le Terentianum soit un remède inventé par Térentius et perfectionné par un certain C. Cl. Primus. Si vraiment Terentius, que cite Galien (t. XII, p. 760), est l'inventeur du Terentianum, il est plus probable que C. Cl. Primus en était simplement le préparateur.

2. M. Sichel (Op. laud., page 117, nº 7) considère la mention de deux oculistes, chacun sur une face du cachet, comme le résultat d'une association ; c'est là une hypothèse peu pratique, car s'il y avait eu association, les deux noms auraient été mentionnés avec le même remède et dans la même inscription. On ne saurait non plus supposer, en présence du bon marché des pierres employées, que deux officines aient dû se réunir pour user chacune d'une tranche différente d'un même cachet, qu'elles se seraient successivement passé.

3. Le lycium ne s'employait pas uniquement contre les maux d'yeux ; c'était au contraire une sorte de panacée. Il portait le nom d'une solanée, originaire de Lycie, avec le suc de laquelle il se préparait à la consistance du miel. Cf. Dioscoride, Lyon, 1860, in-fol., p. 94; Galien, liv. VIII, et Pline, liv. XIV.

L·IVL· SENSIS· CROCOD ASPAR[1]. Mais on ne peut juger à la simple inspection si l'empreinte a été obtenue au moyen d'une plaque de schiste ou d'un sceau de bronze, et l'on sait, par de nombreuses trouvailles, que les cachets de potier étaient en cuivre. D'autres ont voulu que les pierres d'oculiste aient été exclusivement employées pour fermer sous une empreinte l'orifice des flacons; cette dernière opinion est au moins trop absolue, et M. Grotefend a remarqué avec justesse que la forme rectangulaire qu'affecte la presque totalité des plaques se serait mal prêtée à cet usage[2]. Une précieuse découverte faite à Reims par M. Duquenelle, et offerte depuis au musée de Saint-Germain, a heureusement tranché la question. Ce qu'on a trouvé à Reims n'est autre chose, en effet, qu'un assortiment de collyres solides, en forme de bâtonnets, sur lesquels se lisent nettement encore et de gauche à droite, une partie des mots en relief formés par l'application des tranches de nos cachets[3]. Les plaques qui nous occupent servaient donc, du moins habituellement, à étiqueter les collyres en formant une empreinte sur leur pâte, pendant qu'elle était encore molle.

Tôchon d'Anneci, remarquant que la Gaule et l'île de Bretagne fournissent la plupart des cachets de schiste, avait pensé que ces objets étaient exclusivement à l'usage des oculistes attachés aux troupes romaines[4]. Duchalais[5]

1. CROCOD ASPAR pour CROCOD[es] AD ASPR[itudines]. Voir, au sujet de ce collyre au safran, Sichel, op. laud., p. 18.

2. Une seule pierre, consistant en un disque, paraît à cet auteur avoir pu servir pour cacheter l'orifice d'un récipient.

3. Une boîte en ivoire, des instruments d'oculiste et deux sceaux en schiste faisaient partie de la même trouvaille.

4. Dissert. sur les pierres antiques, p. 5.

5. Op. laud., p. 166.

a combattu l'avis de Tôchon en rappelant qu'il y avait aussi des ophthalmies en Orient, que les légions y étaient nombreuses et que les cachets ne feraient pas défaut dans cette partie de l'empire romain, s'ils avaient appartenu à des médecins militaires. L'exemple de l'Orient n'est pas tout à fait concluant, parce que les emplacements des postes échelonnés par les Romains sur l'Euphrate et le Tigre, n'ont pas été fouillés avec assez de soin pour qu'on soit certain d'avoir retrouvé des spécimens de tout ce que les troupes laissaient habituellement dans leurs stations. Mais on peut citer avec plus de confiance la Numidie et les deux Maurétanies, où nous explorons depuis un tiers de siècle les principaux établissements de la célèbre légion III^{a} Augusta et des troupes auxiliaires chargées de la défense de ces contrées, sans y avoir jamais rencontré un seul cachet d'oculiste. L'objection de Duchalais est donc sérieuse et l'on s'étonne que M. Sichel, au lieu d'en tenir compte, ait affirmé que les oculistes suivaient d'ordinaire les armées [1]. Les troupes impériales n'étaient pas répandues d'ailleurs, comme on le croit trop souvent, sur toute la surface de l'empire ; et, pour ne parler que de la Gaule proprement dite, où s'est rencontrée la majeure partie des pierres sigillaires, c'est sur la frontière germanique, le long du Rhin, qu'ont été massées les légions, les cohortes auxiliaires et les ailes de cavalerie [2], depuis la pacification du nord de l'empire sous Auguste jusqu'à son soulèvement au temps des Bagaudes, c'est-à-dire pendant la

1. Op. laud., conclusions n° 2, p. 116.

2. S'il existe des pierres sépulcrales de soldats et d'officiers dans l'intérieur des Gaules, c'est que les armées renfermaient beaucoup de Gaulois qui venaient mourir au foyer paternel; et que les militaires remplissaient dans les cités des fonctions civiles et des missions, mais les uns et les autres n'emmenaient pas avec eux les médecins de leur corps.

période même à laquelle nos cachets appartiennent par la forme de leurs lettres, par les médailles trouvées avec eux et par les noms des oculistes [1]. Or, on rencontre dans les villes du centre et loin de la frontière, plus de cachets que dans les places mêmes des Germanies cis-rhénanes où stationnait l'armée. Bien plus, Reims, dont le sol a été plus fécond en cachets d'oculiste que celui d'aucune autre ville [2], n'a sans doute jamais eu dans ses murs d'une manière permanente un corps de troupes romain. L'usage des pierres sigillaires était donc au moins aussi répandu dans la population civile que chez les soldats.

Pour expliquer l'abondance des sceaux d'oculiste de ce côté des Alpes, on a dit que les ophthalmies sont fréquentes, endémiques même, dans les contrées marécageuses, et on a rappelé que la Gaule était très-boisée et plus humide que l'Italie, à laquelle on n'a rapporté qu'un très-petit nombre de cachets. Mais la Gaule était déjà riche et civilisée avant l'arrivée de César, et sa population, calculée sur les bases les plus modérées, supposait de grands déboisements et de bonnes conditions de climat; d'ailleurs, après la conquête, cette contrée se couvrit successivement de routes et de villes [3] et se trouva dans les mêmes conditions que

1. Duchalais avait prétendu que les caractères gravés sur les cachets dénotaient exclusivement la période des Antonins; mais ces antiques descendent plus bas. La trouvaille de Saint-Privat d'Allier, publiée par M. Herbert, en 1864, renfermait, en effet, un cachet, des instruments de chirurgie et des monnaies romaines dont les plus récentes étaient de l'empereur Philippe. En outre, ainsi que le remarque M. Grotefend, on peut rapporter à la première moitié du IVe siècle les cachets sur lesquels se lit le nom de Valerius, devenu commun après Dioclétien.

2. Les cachets retrouvés dans cette ville, en nature ou en empreintes sur collyres, atteignaient déjà le nombre sept, avant la découverte de celui que j'ai acquis. Cf. Grotefend, nos 5, 30, 67, 68, 87, 102 et 103.

3. Elle comptait plus de 1,200 villes vers le milieu du Ier siècle. (Joseph., de Bell. jud., II, 16, 4).

les autres provinces de l'empire. Enfin, l'ophthalmie est aussi bien causée par le soleil et les sables fins que par l'humidité, et l'on ne saurait douter, ainsi qu'on l'a dit plus haut, qu'elle ait atteint de tout temps les contrées transméditerranéennes aussi bien que le nord de l'Europe.

M. Grotefend pense que si les cachets sont si rares en Italie, c'est que les habitants de la péninsule étaient trop éclairés pour se mettre aux mains des charlatans; mais dira-t-on que les provinciaux de l'Espagne et des contrées méridionales, où l'on ne trouve pas de pierres sigillaires, étaient exempts de préjugés et avaient le rare privilége de ne croire qu'à la médecine rationnelle? Au reste, la question n'est pas là. Il y avait partout des médecins oculistes; les inscriptions funéraires d'Italie [1], d'Espagne [2], et d'Orient le prouvent assez; seulement, dans ces contrées, on n'avait pas l'usage des cachets, soit que les collyres, vendus en bâtonnets et destinés à être dissous, ne fussent pas étiquetés dans la pâte, soit que les compositions liquides fussent d'un emploi plus répandu que dans le Nord.

Avant de terminer ces considérations générales, il me paraît utile d'insister sur les provenances des sceaux d'oculiste.

D'après le tableau récapitulatif que le docteur Grotefend intitule : *Fundorte von Augenærztstempeln* [3], sur 109 cachets, la France en compterait 76, la Grande-Bretagne 15, l'Allemagne 10, les Pays-Bas 4, la Corse 1 et l'Italie 3. En outre, les deux cachets publiés ultérieurement par cet

1. Mommsen, Inscr. Neap. nº 4221.
2. Hubner, Inscrip. Hisp., nºs 1737 et 5055.
3. Op. laud., p. 133.

auteur portent la rubrique de Rome [1]. Ces provenances caractéristiques dont je n'avais pas lieu de suspecter l'exactitude, m'avaient frappé et, dans une communication faite le 22 avril 1870, à l'Académie des Inscriptions et Belles-Lettres, j'avançais que l'usage des cachets fabriqués avec des morceaux de schiste était d'origine gauloise, et j'expliquais la présence de ces petits monuments dans des villes étrangères à la Gaule, et notamment en Italie et en Corse, par leur transport accidentel ou par le déplacement des oculistes qui s'en servaient. Mais M. Léon Renier et M. de Longpérier m'ont engagé à contrôler les provenances que je venais de rappeler, et m'ont mis sur la voie de quelques erreurs acceptées ou commises par M. Grotefend. Ainsi, trompé par une ressemblance de noms, et ne s'étant pas reporté au texte de M. Baudot qu'il cite [2], ce savant a indiqué avec quelques doutes dans son introduction, mais sans réserves dans son tableau récapitulatif, Aleria (Corse) au lieu d'Alleriot (Saône-et-Loire), comme la patrie d'un sceau d'oculiste; il s'est également trompé en donnant à Sienne un cachet qui se trouvait, dans cette ville, chez les ancêtres de Borghesi, l'illustre archéologue, mais dont on ignore absolument la provenance. Enfin, les deux cachets qu'il a publiés dans le Bulletin de l'Institut archéologique de Rome, sous la rubrique de cette ville, ne sont connus que par des notes manuscrites retrouvées par M. Henzen; or, d'après

2. Bull. de l'Institut archéologique de Rome, 1868, p. 104 et 105.

2. Baudot (Mémorial encyclopédique de Millin, an 1809, t. I, p. 105), dit formellement que la pierre a été trouvée à Alleriot. M. de Saint-Mémin (Rapp. sur les cachets d'oculistes romains, 1841, 2e note, p. 24), ajoute qu'Alleriot (Allereyum) est un village situé près de Saint-Marcel-lez-Châlons-sur-Saône. Duchalais (Mém. des Antiq. de France, 1846, p. 227), avait désigné à tort la pierre d'Alleriot sous le nom de *Lapis aleriensis*, mais sans parler de la Corse, qui paraît pour la première fois sous la plume de M. Grotefend.

ces notes l'un faisait, il est vrai, partie d'une collection de Rome, mais les musées de la ville éternelle possèdent des objets achetés dans le monde entier; l'autre avait été vu à Ravenne dans le musée du prince Rasponi, dont la grand'-mère, la reine Caroline, avait appelé à Naples Clarac et Millin, aimait les antiques et en faisait acheter même en France. Il n'est donc nullement certain que les deux nouveaux cachets publiés par M. Grotefend appartiennent à l'Italie, qui resterait représentée par la seule ville de Vérone, antique fondation gauloise.

Je ne pousserai pas plus loin ces vérifications, me bornant à faire observer qu'il y avait eu des Gaulois en Angleterre et en Irlande, que les Pays-Bas et les localités rhénanes citées par M. Grotefend, appartenaient soit à la Gaule de César, soit à des contrées où les Gaulois avaient jadis dominé, et enfin, que si Karlsburg [1] et Vienne [2] peuvent chacune revendiquer une pierre, il ne faut pas oublier qu'il y avait eu sur le Danube des peuples de même origine.

Les localités qui ont fourni les cachets d'oculiste recueillis jusqu'à ce jour se rattachent donc aux anciens centres celtiques, et l'on est en droit de faire remonter aux hommes de notre race l'usage de timbrer les collyres solides avec des cachets, usage auquel se conformaient, sous l'empire, les oculistes grecs ou romains, lorsqu'ils exerçaient leur art dans les provinces où il existait [3].

1. Ackner et Müller, *Die romischen Inschriften in Dacien*, p. 112.

2. Une des deux pierres indiquées par M. Grotefend comme trouvées à Vienne, en Autriche, provient de Nasium, troisième station sur la voie romaine de Divodorum à Durocortorum.

3. Les oculistes, qui paraissent avoir appartenu d'ordinaire à la classe des affranchis, portent en général des noms grecs ou romains; il en est cependant qui sont assurément d'origine gauloise. Cf. Grotefend, op. laud. p. 5.

Les pierres tendres ou le schiste étaient-ils exclusivement employés pour les cachets d'oculiste?

Les trouvailles déjà faites, quoique nombreuses, ne suffisent pas encore pour le démontrer d'une manière péremptoire [1]; mais il est incontestable que la pierre était d'un usage général [2]; dans tous les cas, cette matière avait dû être adoptée à l'époque où le bronze était rare et cher, et en la conservant, on avait l'avantage, lorsqu'on voulait changer le nom de la marchandise, de pouvoir facilement modifier l'estampille, car il suffisait d'user la tranche du cachet sur un corps dur pour effacer les lettres qui y étaient gravées et obtenir une surface propre à en recevoir d'autres. Cette facilité pratique ne manquait pas d'être utilisée dans les officines; la différence de style bien marquée que présentent d'une tranche à l'autre les caractères gravés sur certaines pierres, le prouve surabondamment.

II

La pierre récemment découverte à Reims consiste en une petite table de chloritoschiste ou schiste chloritique, paraissant provenir du terrain de transition des Ardennes ou des

1. Les cachets de bronze, qui pouvaient se refondre, étaient conservés avec plus de soin que ceux de schiste, et lorsqu'ils se perdaient, ils devenaient souvent, sous l'action de l'humidité, des masses informes d'oxyde; il ne faut donc pas se hâter d'affirmer que les oculistes n'en usaient jamais.

2. On est trop disposé, quand on parle des usages de l'antiquité, à les circonscrire et à les rendre absolus; de même que les chefs avaient déjà des flèches de bronze à une époque où les flèches de silex étaient encore entre les mains de tous, de même un oculiste gallo-romain a pu se servir d'un cachet de bronze, encore bien que ceux de schiste, moins coûteux, fussent plus répandus.

contrées rhénanes; elle n'a que 40 millimètres de longueur sur 27 de largeur et 6 à 7 d'épaisseur. C'est un des plus petits cachets connus. Les légendes, formées de capitales romaines, se développent en creux, de droite à gauche sur les quatre tranches, et forment autant de matrices pouvant produire une empreinte en relief. Quelques graffiti tracés légèrement et sans soin s'aperçoivent sur les plats.

Voici les inscriptions qui occupent les grands côtés. La première est nettement accusée; la seconde, peu visible, semble avoir été effacée en partie comme si on avait commencé à repolir la pierre[1] :

CASSIIVCVNDIDISMYR
NESADINPETVSOCV

Cassi Iucundi dismyrnes ad impetus ocu[*lorum*].

CASS·IVCVNDIDIALEPI
DOSADASPRITVDINE

Cassi Iucundi dialepidos ad aspritudine[*m*]
ou *ad aspritudine*[*s*].

Cassius Iucundus. — Le gentilicium Cassius se rencontre dans les hippiatriques[2] et dans plusieurs recueils généraux d'inscriptions ; le cognomen *Iucundus* est également très-commun; je ne crois pas cependant qu'aucun monument les ait présentés jusqu'ici réunis. *Iucundus* était un nom servile, et l'on peut croire que l'oculiste ou le marchand qui le portait avait été esclave.

Cassius Iucundus était-il le médecin inventeur ou simple-

1. Voir plus haut, p. 12.

2. Nouvelle collection publiée par M. Miller, t. XXI des Notices et Extraits de manuscrits; table des noms.

ment le possesseur d'une bonne recette des deux collyres désignés ? Ici se présente la difficulté que j'ai soulevée plus haut ; mais les deux collyres dont il s'agit ayant été d'un usage général, et leurs noms se retrouvant sur un grand nombre de cachets avec divers noms d'homme, Cassius Iucundus ne saurait, à mon avis, prétendre au rôle d'inventeur.

Le diasmyrnes, écrit à tort dismyrnes par le lapicide, était un médicament connu de Galien[1] ; il avait pour principal ingrédient la myrrhe (διὰ σμύρνης), et s'employait d'après les cachets, *ad epiphoras*, *contra cicatrices*, *ad sedatus lippitudinis*, et enfin, *post impetum lippitudinis ;* la formule *ad impetus oculorum* est nouvelle. Aucun collyre, sauf le dialepidos dont nous allons nous occuper, n'était d'un usage plus répandu, si on en juge par le nombre des cachets où il figure ; il était déjà connu à Reims sous le nom de l'oculiste C· FIRMIVS SEVERVS[2].

Le *Dialepidos*, de διὰ et de λεπίς, écaille, est un collyre ayant pour base des squammes[3] ou paillettes de cuivre oxidées ; sa formule est donnée par Marcellus Empiricus[4] et par d'autres médecins de l'antiquité. Il s'administrait le plus souvent *ad aspritudinem* ou *aspritudines*, *ad aspritudinem tollendam*, *ad aspritudinem*[5] *et cicatrices*, *ad cicatrices ;* d'autres fois *ad claritatem*, *ad diatheses*.

1. Galien, Ed. Kühn, t. XII, p. 774.

2. Grotefend, op. laud., n° 30.

3. « Ita appellatur collyrium quoddam, in quo praeter cetera miscetur squama. » Celsus, 11, 12.

4. C. 8, p. 72.

5. Voir, au sujet des granulations des paupières, aspritudines, scabrities, scabritiae, τραχώματα, τραχύτητες, que certains médecins modernes croyaient avoir découvertes, le livre de la vision, περὶ ὄψιος, chap. IV, dans lequel Hippocrate, ou plutôt l'auteur des interpolations, indique un traitement par le cuivre et le verjus. Œuvres complètes d'Hippocrate, trad. par M. Littré, t. IX, p. 159.

Le dialepidos s'est rencontré fréquemment sur les estampilles de l'ancienne Belgique, avec les noms de divers oculistes, et à Reims, avec celui de MARCELLINVS.

J'arrive maintenant aux deux petits côtés, portant l'un et l'autre : FLOS ROM.

On doit se demander ce que signifient ces deux mots. Et d'abord on ne saurait reconnaître dans ROM le ROMANIVS d'une pierre de Bavai [1], attendu que le nom d'homme se mettait toujours avant celui du remède. Il s'agit donc d'un médicament désigné seul et sans nom d'oculiste, ce qui est fort rare. Maintenant si l'on ne veut pas faire de ROM *Romanus*, et supposer qu'on vendait aux Belges un médicament fabriqué avec une prétendue fleur venue de Rome, il faut se rappeler qu'un arbuste, le λιβανωτίς, qui était fréquemment employé comme plante médicinale [2], se nommait en latin non-seulement *Rosmarinus*, *Rorismarini*, mais *Rosmarinum*, *Rosmarini*, on sera porté à admettre qu'il s'agit ici d'un remède à la fleur de romarin. Cette hypothèse suppose seulement en effet qu'on aurait omis la lettre S, soit par négligence, soit par un défaut de place résultant des dimensions exiguës du cachet, défaut qui avait déjà fait mettre DISMYRNES au lieu de DIASMYRNES. Au reste, la chute de l'S n'a rien de bien insolite, car cette lettre ne devait pas se prononcer.

Quoi qu'il en soit, le médicament FLOS ROM est entièrement nouveau ; son nom ne vient pas du grec, comme celui de presque tous les collyres, et il y a cela de remarquable qu'il est mentionné deux fois sur le même cachet.

1. Grotefend, nº 85.

2. Libanotis odorem thuris..... Radicem habet olusatri nihil a thure differentem. Usus ejus post annum stomacho saluberrimus. Quidam eam nomine alio rosmarinum appellant. *Plin.*, l. XIX, p. 62.

Il me reste à dire un mot des graffiti peu visibles tracés sur les grandes faces. Sur le milieu de la première on lit assez distinctement en petites capitales dont quelques-unes sont renversées, CASSI IVCVN, et sur l'un des bords, en retournant la plaque, IVCVN. Quant à l'autre face, il semble qu'on y trouve un F et un R. S'était-on amusé à reproduire le nom gravé sur le cachet, ou bien ces graffiti avaient-ils pour but, ainsi que je l'ai dit plus haut, de faire reconnaître de suite et sans être obligé de le mettre de champ, le cachet qu'on avait à choisir dans la collection de l'officine? C'est une question qui n'a pas grand intérêt, mais qui ne laisse pas que d'être difficile à résoudre.

CINQ

INSCRIPTIONS FUNÉRAIRES

Pendant un séjour à Rome, en 1869, j'ai acheté chez M. Guidi, entrepreneur de fouilles, cinq plaques funéraires en marbre, qui m'ont paru dignes de confiance et dont les textes, dans tous les cas, sont parfaitement antiques. Trois de ces inscriptions ont été publiées sommairement par M. C. L. Visconti, dans un article intitulé : *Antiche lapidi rinvenute in varie escavazioni dal cav. G. B. Guidi*[1]. Si ces petits monuments ne sont pas tous inédits, il ne m'a pas moins semblé intéressant de les soumettre à une nouvelle étude et d'en donner les images photographiques.

1. Giornale arcadico, t. CXLIV, vol. 430, 431 et 432, p. 3 et suivantes.

N° 1 (Planche I).

D · M
MFL·VALENS
MILCLASPRMISEN
MIL·ANNOS VI
NATIO·BESSVS.

D[is] M[anibus] | M[arcus] Fl[avius] Valens | mil[es] clas[sis] pr[aetoriae] misen[ensis] | mil[itavit] annos sex | natio[ne] bessus.

Cette épitaphe d'un soldat de marine est gravée sur une plaque de marbre dont la largeur est de 0^m24 et la hauteur de 0^m21. Les lettres ont environ 0^m02; elles révèlent par leur forme et leur style la fin du Ier siècle ou le commencement du second. Ajoutons que la présence de l'adjectif PRAETORIA, à la troisième ligne, est aussi un élément chronologique; car on admet généralement que la flotte de Misène et celle de Ravenne n'ont reçu le titre de *praetoria* que vers le temps de Trajan[1]. Le gentilicium *Flavius*, très-fréquent depuis Vespasien, se rencontre souvent dans les inscriptions avec le cognomen *Valens*[2] et, par exemple, dans les épitaphes de deux soldats appartenant, ainsi que

1. Le baron Vernazza di Freney a établi (Mem. d. acc. d. sci. d. Torino, t. XXIII, 1818, p. 33 à 61) que ce titre a été conféré aux deux flottes, dont il s'agit, entre les années 70 et 120; il a même cherché, mais sans y arriver d'une manière aussi péremptoire, à prouver que cette mesure fut prise en 103.

2. L·FLAVIVS·L·F | MAEC·VALENS (Mommsen, I. N., n° 6133); L·FL·VALENS honoré du flamonium à Apulum (Ackner u. Mueller, Roem. inschr. i. Dacien, n° 527, cf. n° 125); [F]LAV·VALENS SIG[nifer] (Kellermann, Vigiles rom., n° 113*, p. 53); FLAVIVS VALENS MIL·COH·IIII·PR. (Reinesius, Syntagma, cl. VIII, n° 25); FLAVIVS VALENS (Desjardins, Annales de l'Inst. arch. de Rome, 1868, p. 69, col. 1, lig. 25, et p. 70, col. 2, lig. 18); enfin FLAVIAE VALENTINAE (Gruter, DCIII, 8), etc.

notre personnage, à la flotte de Misène[1]. On connaît même deux Flavius Valens, qui avaient comme lui le prénom de Marcus. L'un servait dans la dixième cohorte prétorienne[2] à une époque incertaine; l'autre était centurion de la légion III^a Augusta sous Valérien et Gallien, c'est-à-dire de 253 à 260[3]. Ces identités de noms, de surnoms et même de prénoms sont fréquentes et ne résultent souvent que d'une coïncidence fortuite; aussi ne faudrait-il pas chercher, comme l'a fait assez imprudemment Guarini[4], à établir des liens de famille entre les divers Flavius Valens. On se tromperait fort, par exemple, en supposant que le centurion du IIIe siècle était un descendant de notre personnage; car celui-ci n'avait pu transmettre son nom, puisqu'il n'était pas citoyen romain; il n'avait pas non plus servi assez longtemps pour obtenir le conubium, que les diplômes impériaux ne concédaient aux classiarii qu'après 26 ans de service.

La marine romaine se recrutait dans les contrées voisines de la mer ou en arrière des grands fleuves sur lesquels on entretenait des flottilles[5]. Aucun pays, si l'on en excepte l'Égypte, n'a fourni plus de marins que la Bessique, à la-

1. D·M· | T·FLAVI | VALENTIS | MIL·CLAS PR | MISENIESIS | AGRADIESIS | VIX·ANN·XXVII | MIL·AN' VI (Gruter, DCXLII, 6) — D·M | L·FLAVIO·VALENTI | MIL·CL·PR·MISENENS | $\overline{\text{III}}$·NILO·C·LONGINVS | CAPITO·VET· | HER·B·M·F (Mommsen, Insc. Neap., n° 2783).

2. SILVANO·SANCTO | SACRVM | M·FL·VALENS | MIL·COH·X·PR | >'·AGRICOL·VOT | S·L·M· (Gruter, LXV, 4).

3. VIC·AVG | PRO·SAL·DDNN· | VALERIANIETGALL | *leni. aug. vex.* MILL *leg. III. aug*...... PER·M·FL·VALENTE | > ·LEG·SS· (Renier, Insc. de l'Alg., n° 4095).

4. Comment. XIV, Neap., 1834, p. 43.

5. La patrie des marins étant généralement indiquée dans leurs épitaphes, on connaît les pays qui ont le plus fourni au recrutement des flottes. C'étaient le Pont, la Bithynie, la Cilicie, la Syrie, l'Egypte, la Sardaigne, la Pannonie, la Dalmatie et la Bessique.

quelle appartenait Flavius Valens. C'était surtout sur la flotte de Misène que les Besses étaient appelés à servir.

M · Flavius Valens mourut jeune. Cela résulte du petit nombre de ses années de présence sous les armes; car les inscriptions nous apprennent que les soldats de la flotte s'engageaient d'ordinaire de seize à dix-neuf ans, quelquefois à vingt et rarement plus tard. L'âge peu avancé de notre soldat ne lui ayant pas, comme je l'ai dit plus haut, permis d'améliorer sa condition civile, on s'explique pourquoi la pierre ne mentionne ni femme ni enfant.

On ne m'a donné aucun renseignement sur le lieu où a été découverte cette inscription. Cependant, comme les classiarii, bien que destinés seulement à être embarqués, jouèrent souvent à terre un rôle important [1] et comme ils eurent, sous l'empire, un poste à Rome [2], on peut croire que c'est dans cette ville qu'est mort Valens.

N° 2 (Planche II).

D · M ·
VLPIO DOM NIONI
QVI · VIX · ANN · XXX ·
AVRE · CEREALIS ·
FRVM · LEG · II · ADIVT ·
B · M · F ·

D[is] M[anibus]
Vlpio Domnioni | qui vix[it] ann[is] triginta | Aure[lius] Cerealis | frum[entarius] leg[ionis] secundae adiut[ricis] | b[ene] m[erenti] f[ecit].

1. Tacite, Hist., I, 6; III, 50, 55.
2. Preller, Die Regionen der Stadt Rom, Iena, 1846, p. 30, 31, 100 et 127.

Cette inscription se développe sur une plaque de marbre ayant 36 centimètres de large et 29 de haut. Par le style de ses lettres elle accuse le commencement du second siècle et ne doit pas être de beaucoup postérieure à Trajan (98-117), sous le principat duquel le gentilicium *Ulpius* a commencé à se répandre.

Domnio est un surnom rare, mais déjà connu [1]. Le relatif QUI, contrairement à l'usage, n'a pas été sous-entendu devant VIX[it]. Le second personnage, AVRE[lius] CEREALIS, abrége son nom d'une façon assez insolite; de plus il ne porte pas de prénom, bien que les *frumentarii*, généralement ingénus, en aient presque toujours un dans les inscriptions. Ces irrégularités n'ont toutefois pas assez de valeur pour faire douter de l'authenticité de l'inscription.

On a beaucoup écrit sur les *frumentarii* sans les faire bien connaître. Il ressort, il est vrai, de divers textes, qu'ils appartenaient à la police [2] et remplissaient des fonctions dévolues plus tard aux fonctionnaires nommés *agentes in rebus* [3]; mais on n'a rien dit de satisfaisant ni sur l'organisation de ces agents ni sur le sens du mot *frumentarius*, suivi

1. TI·CL·DOMNIONI (Romae, in ædibus Episcopi Aquinatis, è Knibbij schedis) Grut., p. CCCXXXI, 5; AVRELIO DO | MNIONI MILITI Mom., I. N., 2846.

2. On lit dans Spartien : *Et erat curiosus non solum domus suae, sed etiam amicorum : ita ut per frumentarios occulte omnia exploraret* (Hadrian. 11), dans Capitolin : *Cum quidam milites ancillae hospitis pudorem depravasse suspecti essent atque per quemdam frumentarium ille didicisset, adduci eos iussit et poena affecit* (de Macrino). — De son côté, Aurelius Victor, dans un éloge de l'administration de l'Empire pendant la Tétrarchie, s'exprime ainsi : *Neque minore studio pacis officia vincta legibus aequissimis, ac remoto pestilenti frumentariorum genere, quorum nunc agentes rerum simillimi sunt. Qui, quum ad explorandum annuntiandumque, qui forte in provinciis motus existerent, instituti viderentur, compositis nefarie criminationibus, iniecto passim metu, praecipue remotissimo cuique cuncta foede diripiebant* (de caes. XXXIX Val. Diocl.).

3. Not. dig.

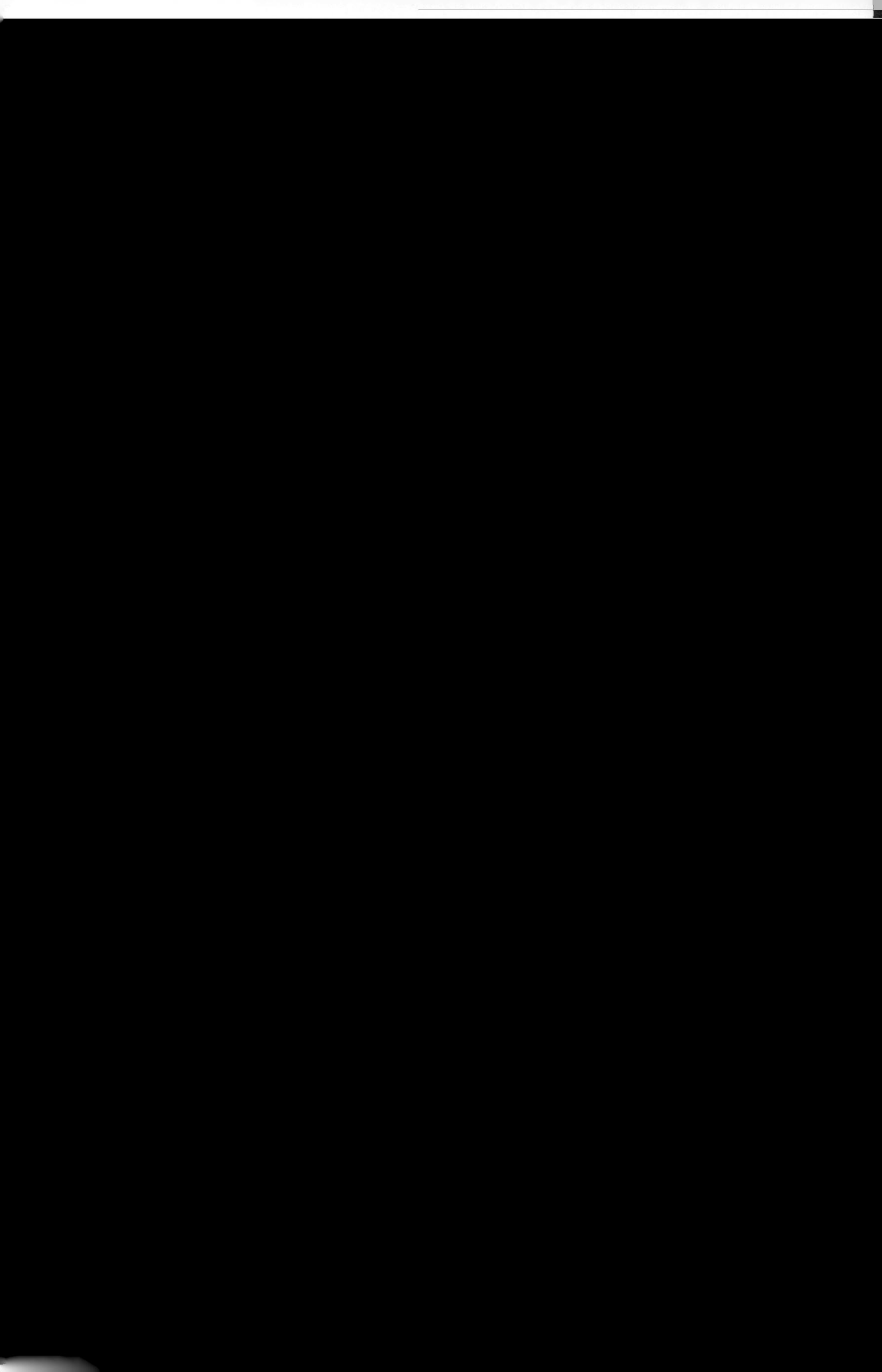

Plaque de 0^m43 sur 0^m29 trouvée au bord de la voie latine, auprès de la porte [1].

Les lettres des cinq premières lignes ont de deux à trois centimètres de hauteur ; celles des deux dernières ne dépassent pas treize millimètres et n'en ont quelquefois que neuf. Les petites dimensions des caractères de la sixième et de la septième ligne et le fait que ces lignes empiètent à droite sur le cadre prouvent qu'elles ont été ajoutées après coup.

Ligne 2 : FECIT est au singulier ,quoique le monument soit élevé par le mari et la fille.

Ligne 3. ARISTION, dont la véritable forme latine est *Aristio*, a conservé sa finale étrangère [2]; quoi qu'il en soit, comme surnom grec, il révèle l'origine servile de Q. Baebius. Celui-ci avait le même gentilicium que sa femme et l'on doit sans doute reconnaître en lui un esclave affranchi et devenu époux, ce qui ne fut pas sans exemple à Rome.

Les affranchis des femmes prenaient le prénom du père de celles-ci ; Baebia Severa était donc fille d'un Quintus.

Ligne 5. Pontia Agurina ne portant ni le nom de sa mère, ni celui de Baebius Aristion, était peut-être fille d'un premier mari de Baebia, qui se serait appelé Pontius Agurinus. Agurina paraît n'être qu'une contraction du cognomen Augurina.

Lignes 4 et 6. L'inscription, comme un grand nombre d'autres rencontrées à Rome, donne un exemple de ces formules superlatives, dont l'abus s'introduisit vers la fin du 1er siècle dans l'épigraphie latine. Les qualificatifs *dulcissimus* et *carissimus*, ce dernier écrit le plus souvent avec

1. Visconti, Op. laud., p. 12.

2. Bien des surnoms grecs ont la double forme : Hermadio (Mom., I. N., 6932) et Hermadion (2468), etc.

l'orthographe archaïque, étaient donnés aux défunts quels qu'ils fussent; mais *infelicissimus* paraît avoir été plus particulièrement réservé pour exprimer la douleur, du père et de la mère à la perte de leur enfant[1]. C'est ainsi que dans notre texte on voit appeler Baebia, même après sa mort, MATER INFELICISSIMA.

Lig. 7 et 8. Ces deux lignes ont été ajoutées après coup, lorsque mourut la fille. La pensée spéciale attachée dans notre inscription au verbe *recipere*, n'est pas nouvelle en épigraphie, témoin cette pierre de Narbonne : *Lagge fili | bene quiescas | mater tua rogat | te ut me ad te | recipias*[2].

N° 4 (Planche II).

Plaque de 0^m15 sur 0^m09 trouvée, d'après M. Visconti, dans les ruines connues sous le nom de Roma Vecchia[3]. L'inscription est entourée d'un cadre rectangulaire, dont trois côtés sont formés de traits ondulés et le quatrième de palmes aboutées.

II
ANTHVS·MANDATI
LVCI·F.SER·VICAR
ASCLEPIAE·CONS·SVAE

1. PARENTES INFELICISSI Orel., 4449 et 4555; PATER INFELICISSIMVS 4591; MATER INFELICISSIMA 4607. Voir aussi Gruter, index, quæ ad sepulcra, col. 2 et 3; Mom., I. N., 4285, 4299, 4490, 4909, 5104, 5159. Je n'ai trouvé que très-peu de textes, dans lesquels infelicissimus s'applique à d'autres parents du défunt que le père et la mère, Or., 4652 et 4690; Mom., 5105 et 5155.

2. Gruter, DCXCIII, 1. — cp. DCXXXVI, 12.

3. « Titoletto rinvenuto presso i ruderi detti *Roma Vecchia.* » Visconti, Giornale arcadico, 1856, p. 8.

Les deux premières lignes de ce texte, par des formules peu communes, ont particulièrement préoccupé M. Visconti, qui les a interprétées de la manière suivante : « Credo vi si debba leggere : *Anthus Mandati Lucii Filii* « *Servus Vicarius ec.* Dov' è da notare, che questo Man- « dato, di cui Anto si dice vicario, fu ingenuo, venendo citato « il nome di Lucio suo padre. Lo che non so quanto pia- « cerebbe al Fabretti, il quale rimproverò al Reinesio[1] « d'aver dato un vicario, non che ad un ingenuo, ad un « liberto....... Di che viene con buone ragioni contraddetto « dal Muratori. » Il ressort de cette citation que l'auteur, attribuant à Mandatus la qualité d'ingénu, en concluait

1. Reinesius (*Syntagma*, IX, 54), publiant l'inscription suivante : HIEROCLI | AVG. DISI | OPERVM | PVBLICORVM | EROS VICARIVS, ajoutait : « Versu secundo excidit vocula LIBerto. » Cette addition, qui, en attribuant à Hierocles la qualité de libertus, faisait de son vicarius Eros le vicarius d'un affranchi et non d'un esclave, a été vivement combattue par Fabretti (*Inscr. q. i. patern. dom. asserv.*, c. IV, p. 302). Suivant ce dernier auteur, le dispensator des ouvrages publics, Hierocles, avait dû, comme beaucoup d'autres dispensatores Augusti, être de condition servile et rendre ainsi Eros vicarius d'un esclave. Cependant Muratori (*Nov. thesaur.*, p. DCCCLXXXIII, nº 6, note) a soutenu de nouveau l'addition de Reinesius, en cherchant à démontrer que les dispensatores Augusti avaient des fonctions trop élevées pour de simples esclaves et qu'il fallait considérer Hierocles, officier de cet ordre, comme un affranchi. Or, les explications de Muratori ne peuvent justifier en rien la thèse de Reinesius, car il suffit, pour les réfuter, de citer un article, dans lequel M. Renier (*Mélanges d'épigraphie*, p. 179) a montré comment l'importante fonction de dispensator devait être et était conférée à des esclaves de la maison impériale.

En résumé, l'inscription HIEROCLI | AVG· DISP· | OPERVM | PVBLICORVM | EROSVICARIVS, avant d'être gratuitement interpolée par Reinesius, ne fournissait pas plus que les suivantes l'exemple d'un vicarius attaché à un affranchi : HERACLAE | AVG | DISPENSATORI | SEDATVS·ET | MANSVETVS | EIVS·VICARI Fabr., *l. D.*, p. 503; D·M·S· | FELICI·DISPENS | ARCE·PATRIMON | VIKARI | PRIMITIVS·CLEMENS | PARTHENIVS·PAMPHILVS | FORTVNATVS · FECERVNT | B·M· | H·S·E·S·T·T·L Hubner, *Inscr. Hisp.*, nº 1198 — MVSICO·TI·CAESARIS·AVGVSTI | SCVRRANO·DISP·AD FISCVM·GALLICVM | PROVINCIAE LVGDVNENSIS | EX·VICARIIS·EIVS, etc. de Boissieu, *Inscr. de Lyon*, p. 611.

qu'Anthus avait été le vicarius d'un homme libre. Dès lors, M. Visconti voyait dans l'inscription un argument nouveau, propre à établir, contrairement aux textes juridiques[1] et aux renseignements épigraphiques[2], que le vicarius pouvait être attaché non-seulement à d'autres esclaves ordinarii (vicarios servos eos qui parent ordinariis) mais encore à des ingénus.

On ne saurait admettre ni l'interprétation proposée par M. Visconti ni la théorie qu'il en déduit; car Mandatus n'était pas ingénu.

Et d'abord l'argument invoqué pour prouver cette ingénuité de Mandatus perd toute valeur, si l'on remarque l'idée de descendance, contenue dans la sigle F., ne peut se rapporter à Mandatus. En effet ce n'est pas le père de celui-ci, qu'il faut reconnaître dans le personnage désigné sous le prénom LVCI, puisque suivant un usage constant à Rome, dans les marques de filiation, le prénom du père, surtout s'il était aussi répandu que celui de Lucius, s'exprimait seulement par sa lettre initiale (L·LOLLIO·L·F·L·N·L·PRO | N[3].... — L.STAIO·L·FIL.[4]). D'ailleurs la formule de descendance, lorsqu'elle s'employait, ne se plaçait pas après un cognomen, comme ici après Mandatus, mais au contraire entre le gentilicium et le cognomen (L·CALVIDIO·L·F·CLEMENTI[5]).

1. Dig., xv, 1.

2. TROPHIMVS · THEAGENIS | CAES . AVG . SER . VIC · Fabr., I. D., n° 287—XISTVS | TI · CAESARIS · SER · GERMANIC | APOLLONIO . VICARIO·SVO. Id., n° 291 — VENVSTVS | PHILOXENI | TI · CLAVDI · CAESARIS | SERVI | DISPENSATORIS | VICARIVS Id., n° 292 — MYRINI | FAVSTI COL | NARBON | ESIVM SERVI | VICARIA HIC EST SEPVL | POSTHVS CON | TVBERNALIS Or., n° 2826.

3. Mommsen, Inscr. neap., n° 73.

4. Id., n° 1488.

5. Id., n° 1996.

La marque de filiation, qui distingue l'homme libre, ne saurait donc se rattacher à Mandatus et l'on ne doit pas faire de ce dernier un ingénu, alors que sa qualité d'esclave ressort du caractère servile de son nom et de la façon brève dont il est mentionné par un simple cognomen.

L'interprétation admise par M. Visconti le conduisait à voir dans SER· l'abréviation du nominatif SER[vus], qui eût alors déterminé, concurremment avec le mot vicarius, la condition d'Anthus (*Anthus Mandati Lucii Filii Servus Vicarius*); mais je ne crois pas qu'il existe d'inscription, où la marque servile complète le terme de vicarius. La qualification de vicaire, ne pouvant s'appliquer ni à des ingénus ni à des affranchis, indiquait suffisamment l'état d'esclavage, sans qu'une mention plus explicite de cet état fût nécessaire. La condition d'esclave, exprimée par les lettres SER·, ne saurait donc être maintenue à Anthus et elle se reporte tout naturellement sur Mandatus.

Ce point établi, l'inscription se développera de la manière suivante :

Π *Anthus Mandati* | *Luci*[*i*] *f*[*ilii*] *s*[*ervi*] *vicar*[*ius*] |
Asclepiae cons[*ervae*] *suae*.

Anthus, vicaire de Mandatus, l'esclave de Lucius le fils,
à sa compagne d'esclavage Asclepia.

Dans la nouvelle interprétation, que je propose, Lucius filius devient le maître de Mandatus. A l'appui de cette opinion, je citerai un autre texte, provenant également des fouilles de M. Guidi [1], et dans lequel figure, comme maître d'un certain Carpos, un Lucius filius, qu'on peut, suivant

1. Visconti, Giornale arcadico, 1856, p. 30.

toute probabilité, identifier avec le Lucius filius de notre inscription[1].

IPHI · L · VOLVSSI
CVBICLARIOCARPOS
QVIFVIT · L · FILI
AVONCVLO · SVO · ET
ANATOLECONTV
BERNALES · EIVS

Iphi L[ucii] Volussi[i] | cubic(u)lario Carpos | qui fuit (cubicularius) L[ucii] fili[i] | avonculo suo et | Anatole contu | bernales eius.

A Iphis, cubiculaire de Lucius Volusius, Carpos, qui le fut de Lucius le fils, à son oncle, et Anatolé sa contubernalis.

Il y eut à Rome, au premier siècle de notre ère, deux personnages considérables, le père et le fils, nommés l'un et l'autre L[ucius] Volusius Saturninus.

Tacite s'exprime ainsi au sujet du premier : « Volusio « vetus familia neque tamen praeturam egressa. Ipse con- « sulatum intulit, censoria etiam potestate legendis equi- « tum decuriis functus, opumque, quis domus illa immen- « sum viguit, primus accumulator[2]. » Volusius le père fut consul suffectus en l'an XII et proconsul d'Afrique en

1. On s'étonnera peut-être de ce que, si notre marbre mentionne réellement deux esclaves de L. Volusius le fils, il n'ait pas été trouvé dans la vigna Ammendola, qui renfermait le columbarium des esclaves, appartenant à ce personnage. Mais bien des inscriptions avaient été détournées du columbarium, avant l'année de sa découverte, en 1822. D'ailleurs, il n'y a pas loin de la vigne Ammendola à Roma Vecchia.

2. Tacit., An., III, 30.

l'an VI avant J.-C., légat de Syrie dix années après ; il mourut en l'an XX, la septième année du règne de Tibère.

Volusius le fils, qui fut consul suffectus (III de notre ère), mourut préfet de Rome en LVI, alors âgé de 93 ans. Il avait encore augmenté les richesses de sa maison [1].

Des hommes si opulents devaient posséder et possédaient en effet, comme le prouvent les nombreux souvenirs qui nous sont parvenus de leur familia [2], une foule immense d'esclaves et d'affranchis. Ces esclaves et ces affranchis avaient besoin de préciser dans les inscriptions, s'ils appartenaient à l'un ou à l'autre des Volusius ; or, le père et le fils, s'appelant L · Volusius Saturninus, ne pouvaient être distingués que par l'addition du mot *pater* ou du mot *filius*.

C'est en effet le moyen que nous trouvons employé d'abord dans le texte où Carpos établissait clairement, en ajoutant FILI, qu'il appartenait non pas au Volusius maître d'Iphis, mais à son fils ; ensuite dans l'épitaphe suivante :

EVXINO · L · VOLVSI · SATVRNINI · P
NEGOTIATORI
ACANTHVS · L · VOLVSI · HELENI · L
H · C · FECIT

Euxino L[*ucii*] *Volus*[*i*] *Saturnini p*[*atris*] [3] | *negotiatori*
Acanthus L[*ucii*] *Volusi*[*i*] *Heleni l*[*ibertus*] |
h[*ic*] *c*[*ondito*] *fecit.*

1. Borghesi, Œuvres complètes, t. III, p. 313 et suiv.
2. Un grand nombre de monuments des Volusius ont été publiés par Cardinali (Diplomi imperiali nos 253 à 273) et par M. Amati, qui a consacré un article spécial aux inscriptions découvertes sur la voie Appienne (Giornale arcadico, t. L, 1871, p. 250).
3. È chiaro che la sigla P, da cui si termina la prima riga significa Patris come pure altrove, Gruter, 723, 6 (Borghesi, III, p. 316).

La sigle P (patris), prouve assez qu'Euxinus était esclave de Volusius le père.

Rapprochés du passage (MANDATI · LVCI · F · SER) sur lequel je ne suis pas d'accord avec M. Visconti, ces deux exemples me semblent justifier la leçon que j'ai proposée (Mandatus, esclave de Lucius le fils).

L'un de ces exemples, celui que nous fournit l'épitaphe de Carpos, abrège, il est vrai, par une seule lettre le prénom placé devant FILI, tandis que notre inscription porte le même prénom en toutes lettres; mais on s'explique facilement cette différence. Dans l'épitaphe de Carpos, Lucius a dû s'abréger à la troisième ligne suivant la loi des prénoms, puisqu'il n'a d'autre valeur que celle d'un prénom se rattachant au gentilicium VOLVSSI, gentilicium sous-entendu pour éviter une répétition, mais facile à rétablir d'après les noms du père L · VOLVSSI, exprimés à la première ligne. Dans notre inscription, au contraire, le prénom constitue à lui seul toute la dénomination et, de même qu'il joue le rôle du gentilicium, il en prend en quelque sorte la condition, c'est-à-dire qu'il n'est pas abrégé.

J'ajouterai que le prénom seul suffisait parmi les esclaves pour désigner le maître. Les épitaphes serviles fournissent des exemples fréquents de cet usage [1], surtout

1. ATHICTVS · L · N. (*Luci nostri*) A · FRVMENTO Gruter, DXCII, 8; PALLANS · Q · N (*Quinti nostri*) A · FRVM · Grut., DXCIII, 2; PRIMVS · Q · N · ACT Cardin., Dipl., nº 255; BOTRYS · Q · N · SPECVLAR) Id., nº 262; NICEROTI · Q · N · AMANV Id., 266; G[enio] · Q · N | TROPHIMVS SER · Gruter, DCCCCXCVII, 17. Les esclaves continuaient après leur affranchissement à désigner ainsi leurs anciens maîtres, devenus leurs patrons : Q · VOLVSIO · ANTIGONO | VOLVSIVS ANTIGONVS | F·PATRI · SVO · B · M · FEC | L · D · A · Q · N · Giorn. arcad., t. L, p. 261; DIS MANIBVS | L · VOLVSIO | PARIDI · A CVBICVLO | ET PROCVRATORI L · N · | ..... PERMISSV L · N · Id., p. 262; D · M · ANTIOCHO | Q · VOLVSIVS | PHOEBVS · FECIT | FILIO SVO..... | PERMISSVM | L · ET · Q · NOSTRI · Id., p. 262.

quand elles ont fait partie d'un columbarium, où une inscription commune faisait connaître la gens, à laquelle appartenait le maître de la familia inhumée dans la chambre sépulcrale. Cette remarque s'applique à notre inscription, qui est sortie d'un columbarium, comme l'indique son numéro d'ordre II ; elle tend aussi à établir que la dénomination LUCI·F, quoique réduite à un seul prénom, cesse de paraître anormale, alors qu'elle désigne le maître d'un esclave.

N° 5 (Planche II).

L· VOLVSIO·CRISPINO
L· VOLVSIVS THEODOTVS
B· M· FECIT·

L[ucio] Volusio Crispino | L[ucius] Volusius Theodotus | b[ene] m[erenti] fecit.

Cette plaque de marbre, de 0m 23 sur 0m 11, a été rencontrée au milieu des ruines d'un columbarium semi-circulaire, dans la vigne Molinari[1], qui borde la voie Appienne. Elle a été mentionnée sans commentaire par M. C. L. Visconti[2]. L'inscription qu'elle porte est simplement l'hommage funéraire rendu à un affranchi d'un L. Volusius par un autre affranchi du même patron.

Nous savons grâce à une épitaphe[3] trouvée dans le même columbarium, que ce L. Volusius était le second des deux

1. « Il sig. Molinari, divenuto anche proprietario della vigna posta d'incontro aquella di Ammendola. » Canina, Via Appia, 1853, t. I, p. 70, note 5.
2. Op. laud., p. 53.
3. VOLVSIAE STRATONICE | L·VOLVSI L.F SATVRNINI | . . . . . NVTRICI, etc.

personnages[1], qui ont porté le même nom. Nous avons déjà vu, dans l'article précédent, des esclaves de ce riche consulaire; c'est en effet sa familia et celle de son fils Q. Volusius Saturninus que mentionnent presque toutes les épitaphes serviles relatives à la gens Volusia.

CRISPINUS est très-rare comme nom d'esclave.

Paris, 22 mai 1870.

1. C'était ce Volusius, à qui appartenait la familia inhumée dans le columbarium de la vigne Ammendola; il se trouve naturellement le maître d'esclaves et d'affranchis, dont le columbarium, situé dans la vigne contigue, était en quelque sorte dépendant du premier.

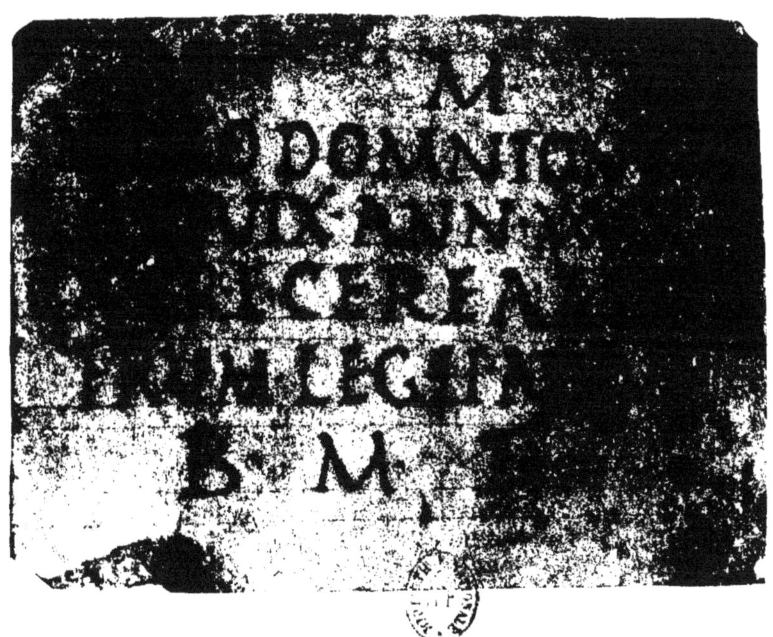
M
DOMNIO
VIX ANN
B M

ANNOS

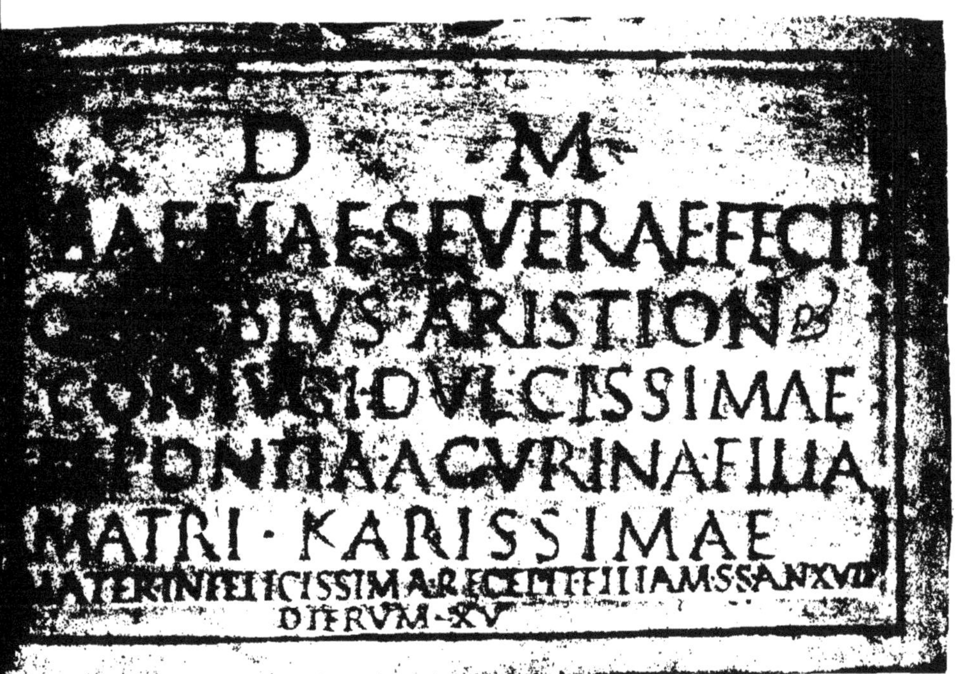
D M
SEVERAE·FECIT
BIUS ARISTION
DULCISSIMAE
AACURINA·FILIA
MATRI · KARISSIMAE
DIERUM·XV

LES ARMÉES ROMAINES

ET LEUR EMPLACEMENT

PENDANT L'EMPIRE [1]

Avant d'aborder le sujet de cet article, je dois dire en quelques mots ce qu'étaient les armées romaines lorsqu'elles furent devenues permanentes.

Les hautes classes, à Rome, vers la fin de la République, ne servaient plus, comme autrefois, dans les rangs des simples légionnaires, et le peuple, entrevoyant déjà cette ère d'existence facile, toute de plaisirs et sans devoirs, dont le monde entier était destiné à faire les frais, n'ambitionnait plus que médiocrement le droit, jadis envié, de porter les armes et de défendre la patrie [2]. Eux-mêmes, les habitants

[1] Extrait d'un mémoire lu, le 29 décembre 1871, dans la séance publique de l'Académie des Inscriptions et Belles-Lettres.

[2] Dion Cassius, liv. LVI, chap. XXIII.

de l'Italie, admis depuis peu au droit de cité par la loi Iulia (664) et par la loi Plautia Papiria (665), commençaient à prendre exemple sur leurs anciens maîtres, et, s'ils devaient se montrer nombreux encore à Pharsale et à Actium, on pouvait déjà prévoir qu'ils accepteraient, sans trop se plaindre, la mesure de politique toute personnelle par laquelle Auguste les dispensa du service militaire [1]. On marchait à grands pas vers cet état moral dont les historiens nous laissent sonder les abîmes, lorsqu'ils nous montrent le grand peuple ne retrouvant son antique audace que pour les lucratifs combats de la guerre civile.

Dès le temps de César, les Gaulois cisalpins grossirent les rangs de l'armée légionnaire et virent leur admission sanctionnée par le titre de citoyens romains [2]. Après la guerre civile, sous le principat d'Auguste, les colonies et les municipes, soumis à un recrutement obligatoire, fournirent des soldats aux légions; enfin, pendant le cours de l'Empire et dès avant la loi d'unification promulguée par Caracalla, le rôle militaire des provinciaux devint dominant.

Les légions formaient en quelque sorte l'armée de ligne; puissantes comme héritières de cette célèbre milice citoyenne qui avait fondé la grandeur de Rome, elles étaient en même temps redoutables par une grande science de la guerre et par un effectif qui comprenait, sans les non-combattants, environ 6,000 hommes [3] et presque autant de chevaux que nos régiments de cavalerie. Le nombre des

[1] Hérodien, liv. II, chap. XI, et liv. III, chap. VII.
[2] Suétone, Vie de César, chap. XXIV.
[3] L'effectif de la légion était moins élevé à peu près d'un quart sous la République, époque où elle se formait de trois rangs inégalement armés, les *hastati*, les *principes* et les *triarii*. Sous l'empire, les légions se servirent surtout du *pilum*, arme à la fois d'hast et de jet.

légions fut très-considérable pendant les dernières convulsions de la République, alors que les armées couvraient les champs de bataille fratricides de l'Italie et de la Grèce, en même temps qu'elles protégeaient contre les ennemis du dehors un territoire déjà si vaste. Après Actium, les légions furent, les unes licenciées, les autres réorganisées d'une manière permanente sous des légats choisis parmi les anciens préteurs[1]. Qu'il y ait eu, à la suite du désastre de Varus, de nouvelles créations de corps, ou seulement des réorganisations[2], toujours est-il qu'Auguste, lorsqu'il mourut, possédait encore, comme à Actium, vingt-cinq légions; mais ces corps semblaient avoir quitté pour jamais l'Italie et la Grèce et se trouvaient répartis entre les provinces, où Tibère[3] nous les montre un peu plus tard dans l'exposé qu'il fait au sénat des forces de la République[4]. Claude, Néron

[1] Auguste, vainqueur et investi du pouvoir perpétuel, réunit à 25 légions de son armée 23 ou 24 de celles de Lépide et d'Antoine, et se trouva à la tête d'environ 50 légions ayant combattu dans la dernière lutte; les légions que Pinarius Scarpus commandait en Afrique (Dion Cassius, Hist. rom., liv. LI, chap. V) n'étaient pas à Actium; d'autres corps, légions ou cohortes, opposés aux ennemis du dehors, se trouvaient dans le même cas. Voir au sujet des légions conservées par Auguste, après Actium, une dissertation que j'ai publiée en 1868 (Bull. de l'Acad. des inscript. et belles-lettres, mois de mars et d'avril).

[2] Les trois légions de Varus étaient les XVII[a], XVIII[a] et XIX[a]; ces numéros devenus néfastes, furent rayés des contrôles de l'armée; le peu de légionnaires qui rejoignirent le Rhin et les soldats laissés dans les quartiers d'hiver furent sans doute versés dans d'autres corps.

[3] Annales, l. IV, 5.

[4] *Legio* I[a] *Germanica*, dans la Germanie inférieure; II[a] *Augusta*, Germanie supérieure; III[a] *Augusta*, Afrique, III[a] *Cyrenaica*, Egypte; III[a] *Gallica*, Syrie, sur l'Euphrate; IIII[a] *Macedonica*, Espagne; IIII[a] *Scythica*, Mésie; V[a] *Alaudae*, Germanie inférieure; V[a] *Macedonica*, Mésie; VI[a] *Ferrata*, Syrie; VI[a] *Victrix*, Espagne; VII[a] nommée plus tard *Claudia*, Dalmatie; VIII[a] *Augusta*, Pannonie; IX[a] *Hispanica*, Afrique; X[a] *Fretensis*, Syrie; X[a] *Gemina*, Espagne; XI[a] nommée plus tard *Claudia*, Dalmatie; XII[a] *Fulminata*, Syrie; XIII[a] *Gemina*, Germanie supérieure; XIIII[a] *Gemina Martia Victrix*, Germanie supérieure; XV[a] *Apollinaris*, Pannonie; XVI[a] *Gallica*, Germanie supérieure; XX[a] *Valeria Victrix*, Germanie inférieure; XXI[a] *Rapax*, Germanie inférieure; XXII[a] *Deiotariana*, Egypte. Cf. pour plus de détails sur les légions de Tibère mon Introduction à l'histoire des Légions du Rhin, p. 14 et 49.

et Galba ayant levé de nouvelles légions[1], le nombre de ces corps fut de 30[2], l'an 69, au moment où la guerre civile éclata de nouveau. Les Flaviens arrivés au pouvoir supprimèrent quatre des légions de Vitellius trop compromises[3] et les remplacèrent par quatre autres[4]; quelques changements eurent encore lieu sous Trajan, sous Marc-Aurèle et sous Septime Sévère[5], en sorte qu'Alexandre mit en ligne 33 légions[6].

Sans entrer dans de grands détails sur la manière dont se recrutaient les officiers, je rappellerai que des grades étaient réservés dans les légions aux fils des sénateurs et à ceux

[1] Claude créa deux légions : XV^a^ *Primigenia*, XXII^a^ *Primigenia;* Néron, deux : I^a^ *Italica* et I^a^ *Adiutrix;* Galba, une : VII^a^ *Gemina Galbiana*.

[2] I^a^ *Germanica*, dans la Germanie inférieure ; I^a^ *Italica*, en Gaule (à Lyon) ; I^a^ *Adiutrix*, Espagne ; II^a^ *Augusta*, Bretagne ; III^a^ *Augusta*, Afrique ; III^a^ *Cyrenaica*, Égypte ; III^a^ *Gallica*, Syrie ; IIII^a^ *Macedonica*, Germanie supérieure; IIII^a^ *Scythica*, Syrie; V^a^ *Alaudae*, Germanie inférieure; V^a^ *Macedonica*, Judée; VI^a^ *Ferrata*, Syrie ; VI^a^ *Victrix*, Espagne; VII^a^ *Claudia*, Mésie; VII^a^ *Gemina*, Pannonie; VIII^a^ *Augusta*, Mésie; IX^a^ *Hispanica*, Bretagne; X^a^ *Fretensis*, Syrie ; X^a^ *Gemina*, Espagne ; XI^a^ *Claudia*, Dalmatie; XII^a^ *Fulminata*, Syrie ; XIII^a^ *Gemina*, Pannonie; XIIII^a^ *Gemina*, Bretagne; XV^a^ *Apollinaris*, Judée; XV^a^ *Primigenia*, Germanie inférieure ; XVI^a^ *Gallica*, Germanie inférieure; XX^a^ *Valeria Victrix*, Bretagne; XXI^a^ *Rapax*, Germanie supérieure; XXII^a^ *Deiotariana*, Égypte; XXII^a^ *Primigenia*, Germanie supérieure. Voir mon Introduction déjà citée.

[3] I^a^ *Germanica*, IIII^a^ *Macedonica*, V^a^ *Alaudae* et XVI^a^ *Gallica*. Le licenciement de ces corps, qui étaient tous de l'armée du Rhin et parmi lesquels se trouvait l'ancienne légion gauloise des Alouettes, dut être prononcé, sinon terminé, lorsque les confins germaniques eurent été pacifiés par le légat Petilius Cerealis.

[4] I^a^ *Minervia*, II^a^ *Adiutrix*, IIII^a^ *Flavia* et XVI^a^ *Flavia Firma*.

[5] La XV^a^ *Primigenia*, la XXI^a^ *Rapax*, la IX^a^ *Hispanica* et la XXII^a^ *Deiotariana* disparurent pendant le deuxième siècle. Trajan créa la II^a^ *Traiana*, et la XXX^a^ *Ulpia ;* Marc-Aurèle la II^a^ *Italica* et la III^a^ *Italica;* Septime-Sévère la I^a^ *Parthica*, la II^a^ *Parthica* et la III^a^ *Parthica*.

[6] I^a^ *Italica*, dans la Mésie inférieure; I^a^ *Adiutrix*, Pannonie inférieure ; I^a^ *Minervia*, Germanie inférieure ; I^a^ *Parthica*, Mésopotamie ; II^a^ *Augusta*, Bretagne supérieure; II^a^ *Adiutrix*, Pannonie inférieure ; II^a^ *Traiana*, Égypte; II^a^ *Italica*, Norique; II^a^ *Parthica*, Italie; III^a^ *Augusta*, Numidie ; III^a^ *Italica*, Rhétie ; III^a^ *Parthica*, Mésopotamie ; III^a^ *Cyrenaica*, Arabie ; III^a^ *Gallica*, Phénicie; IIII^a^ *Flavia*, Mésie supérieure ; IIII^a^ *Scythica*, Syrie ;

des chevaliers. Les premiers n'exerçaient rien moins que les fonctions de tribuns et se distinguaient par leur titre de tribuns lacticlaves ; mais leur service obligé était de courte durée relativement à celui des légionnaires, et leur permettait, après un certain nombre de campagnes, de regagner l'Italie où les rappelaient à la fois les séductions de Rome et la crainte de se laisser oublier. Les seconds arrivaient rarement au tribunat, mais ils partageaient avec les officiers de fortune le grade plus modeste de centurion qui, par ses nombreuses classes, leur créait un important cursus honorum[1]. On sait que, jusqu'au temps de Gallien, il fallait avoir porté les armes pour arriver aux magistratures et franchir les portes du sénat.

Aux légions se joignaient des ailes de cavalerie et de nombreuses cohortes auxiliaires composées de fantassins ou de fantassins et de cavaliers, dans lesquelles entraient, par engagement volontaire, les Italiens qui se vouaient encore au métier des armes, les provinciaux et même les barbares. Les ailes étaient commandées par des préfets[2] ; les cohortes également par des préfets ou par des tribuns. Les cohortes

Va *Macedonica*, Dacie ; VIa *Ferrata*, Judée ; VIa *Victrix*, Bretagne inférieure ; VIIa *Claudia*, Mésie supérieure ; VIIa *Gemina*, Espagne ; VIIIa *Augusta*, Germanie supérieure ; Xa *Fretensis*, Judée ; Xa *Gemina*, Pannonie supérieure ; XIa *Claudia*, Mésie inférieure ; XIIa *Fulminata*, Cappadoce ; XIIIa *Gemina*, Dacie ; XIIIIa *Gemina*, Pannonie supérieure ; XVa *Apollinaris*, Cappadoce ; XVIa *Flavia*, Syrie ; XXa *Victrix*, Bretagne supérieure ; XXIIa *Primigenia*, Germanie supérieure ; XXXa *Ulpia Victrix*, Germanie inférieure. (Cf. Dion Cassius, liv. LV, 23 et 24.)

1 La légion comptait soixante centurions de rangs différents. On distinguait dans la première cohorte le *primus pilus*, le *primus princeps* et le *primus hastatus*. Le primipile était un personnage important, presque l'égal d'un tribun.

2 Le grade de préfet et celui de tribun conféraient le rang de chevalier romain aux officiers qui ne le possédaient pas au moment de leur promotion. Du reste les règles qui présidaient au choix des officiers reçurent, dans la suite, bien

n'étaient composées que de mille ou même de cinq cents hommes[1]; mais comme il y en avait beaucoup plus que de légions, elles présentaient tout autant de combattants[2] que celles-ci. Ailes et cohortes se distinguaient par des noms rappelant soit l'officier qui les avait levées, soit la province ou le peuple étranger auquel se rattachait leur origine[3]. Il y avait, en outre, des *speculatores* et des *exploratores* chargés d'un rôle trop négligé dans quelques armées modernes, des ingénieurs, des ouvriers d'art, des convoyeurs et des valets. Enfin les légionnaires que leur âge avait rendus à la vie civile pouvaient être appelés à former des corps d'élite sous le nom d'*evocati*[4].

L'empereur et Rome étaient gardés par des troupes spéciales; c'étaient neuf cohortes prétoriennes, une cavalerie mercenaire licenciée dès le temps d'Auguste et bientôt réorganisée sous le titre d'*equites singulares*, puis trois cohortes urbaines recrutées au début, dans toute l'Italie, parmi les citoyens romains, et qui, malgré leur nom, n'avaient rien de commun avec les gardes nationales modernes. Enfin

des atteintes et l'on vit, non-seulement des cohortes ou des légions, mais des armées commandées par des parvenus qui ne sortaient pas des castes élevées ou qui même n'appartenaient pas par leur naissance au monde romain.

[1] *Cohortes milliariae* ou *quingenariae*.

[2] Tacite, Ann., liv. IV, chap. v.

[3] Les inscriptions et les documents écrits ont conservé le nom d'une très-grande quantité d'ailes appartenant à peu près à tous les peuples du monde où la cavalerie était renommée, sans en excepter les pays qui étaient en guerre avec les Romains. Les cohortes, plus nombreuses encore, présentent la même variété d'origine; il y avait des cohortes formées de citoyens romains et dont le nombre paraît s'être élevé à 32, des cohortes levées dans les provinces de l'empire, puis des cohortes de Germains, de Goths, etc.

[4] En l'an 6, lorsqu'on crut Rome menacée, des esclaves fournis par les citoyens, suivant leur fortune, furent affranchis et armés (Velleius Paterculus, liv. II, chap. CXI); mais ce fut presque la seule circonstance où l'on employa ces auxiliaires méprisés. On eut aussi recours, dans les moments extrêmes, et par exemple en Italie, sous Vitellius, à des troupes de gladiateurs.

sept cohortes de *vigiles* formées d'affranchis, d'ouvriers et d'hommes du peuple, étaient réparties dans les quatorze quartiers de Rome. En cas de besoin, la garde de l'empereur se portait comme réserve sur le théâtre de la guerre; les cohortes urbaines, elles-mêmes, quittaient parfois l'Italie.

En temps ordinaire, dans les provinces pacifiées, il n'y avait que peu ou point de troupes proprement dites. Les gouverneurs de ces provinces avaient simplement leur *officium* et une seule cohorte auxiliaire qui était détachée à tour de rôle et chaque année auprès d'eux, par le commandant en chef de l'armée la plus voisine, ainsi que l'ont établi les belles découvertes de notre savant confrère M. Léon Renier[1]. C'était aux hommes de police qu'il appartenait dans les circonstances ordinaires de maintenir l'ordre parmi les provinciaux de l'intérieur.

Telles étaient à peu près les forces assez restreintes chargées de protéger un peuple, à qui une corruption toujours croissante semblait chaque jour mériter la défaite; et cependant, malgré la supériorité numérique des barbares, malgré leurs progrès dans l'art de la guerre et la furie sans cesse renaissante qui les poussait vers le foyer envié de la civilisation, l'armée romaine les arrêta pendant près de quatre siècles. Ces prodigieux et presque constants succès tenaient à des institutions militaires que les Romains eurent la sagesse de conserver, au milieu de leurs révolutions; or, parmi ces institutions, la plus puissante peut-être fut le mode d'emplacement des troupes.

Je vais donc rechercher les règles suivant lesquelles l'emplacement des troupes se déterminait pendant l'em-

[1] Inscriptions de l'Algérie, n° 5.

pire, et, pour restreindre le champ de mes recherches, je prendrai autant que possible mes exemples dans l'histoire si saisissante de l'armée des Gaules.

César, déjà mêlé aux affaires de la Gaule par les entreprises des Helvetii contre les Aedui et par la présence des Germains sur le territoire des Sequani, conçut et poursuivit ses vastes projets de conquête. On sait qu'il lui fallut dix ans pour triompher d'une résistance trop longtemps disséminée, et dans laquelle il paraît n'avoir eu affaire, du moins dans la Celtique, qu'à la seule chevalerie. Sa neuvième campagne terminée, ni lui, ni les empereurs auxquels il fraya la route n'eurent à combattre des révoltes dignes du nombre et du courage des vaincus. L'esprit national, en Gaule, ne vivait alors que dans les classes élevées; les masses ne pouvaient regretter l'ancien état de choses qui leur faisait une condition voisine de l'esclavage et qui se caractérisait par de fréquents changements dans la forme du gouvernement, par des rivalités de peuple à peuple et par un esprit de faction qui déchirait les cités et même les familles. En définitive, on se plia assez vite au joug pesant mais régulier des Romains.

Le proconsul avait compris que la Gaule était à jamais acquise; aussi, lorsqu'il repassa les monts, ne craignit-il ni de laisser chez les Transalpins des soldats gaulois comme eux, ni d'emmener d'autres Gaulois à Rome et, plus tard, au delà des mers, en Asie et en Afrique. Les dangers créés par la nouvelle conquête venaient moins de la conquête elle-même que du voisinage de la Germanie, dont les guerriers n'avaient désormais qu'à traverser le Rhin pour mettre le pied sur le sol de la République. Ce fut dans la région du Nord, où les Germains avaient plus d'une fois pénétré, et dans l'Est, chez les Aedui, que César disposa les huit légions de l'armée d'occupation[1], et c'est en face même des contrées germaniques que nous retrouvons, quelques années après sa mort, trois de ces légions, la V^a^ Alaudae, la XIII^a^ et la XIIII^a^, qui avaient été levées par lui chez les Cisalpins et qui, envoyées plus tard en Macédoine, pour l'expédition des Portes Caspiennes, avaient laissé sans doute leurs dépôts dans les Gaules et peut-être sur le Rhin.

Nous voici arrivé à la formation d'une armée dont les exploits et la longue existence témoignent tout particulièrement de l'esprit de suite et de la puissance dans les institutions, qui distinguaient les Romains. Outre les trois légions que je viens de citer, il y en eut, pendant le principat d'Auguste, trois autres échelonnées également le long du Rhin, en tout six, moitié dans la zône qu'on nomma plus tard Germanie supérieure, moitié dans la Germanie inférieure. Ces légions avaient aidé à la construction des forts de Drusus[2]; elles avaient pris part aux expéditions brillamment conduites par ce prince et par Tibère dans la grande Germanie; mais trois d'entre elles appartenant aux camps du bas Rhin, entraînées par un chef imprudent, trop peu nombreuses en présence d'un peuple armé, périrent, comme on le sait, en l'an 9, dans les défilés du Teutobourg. Cependant la solidité de la base d'opérations, l'existence d'une armée de réserve et l'excellence générale du système sauvèrent la situation. Les dépôts des légions vaincues, laissés sur la rive gauche, derrière de bonnes défenses, en imposent aux Germains, pendant que les forces du haut Rhin accourent sous

[1] César, *Bell. Gall.*, VIII, XLIX et LIV.
[2] Tacite, Annal., liv. I, chap. XLVI.

les ordres d'Asprenas, neveu de Varus[1]. On gagne du temps. Auguste, frappé d'abord de stupeur, reprend bientôt confiance dans les destinées de Rome, fait arriver des renforts pris dans d'autres provinces, rend à l'armée du Rhin Tibère, un de ses meilleurs généraux, et fixe de nouveau la victoire.

A la mort d'Auguste, les confins germaniques possédaient huit légions[2] et les troupes auxiliaires entrant dans la composition des armées. Ce nombre de légions fut maintenu jusqu'au temps de Marc-Aurèle, où l'effort de la guerre se porta plus particulièrement sur le Danube. Le Rhin n'avait plus que quatre légions au moment où écrivait le consul historien Dion Cassius[3].

La plus terrible des crises par lesquelles passa l'armée du Rhin, celle qui éclata sous Galba, montre, comme la guerre de l'an 9, toute la puissance de l'organisation romaine. Cette armée, la meilleure de tout l'empire, au témoignage de Velleius Paterculus, supportait avec impatience un empereur qu'elle n'avait point élu. Vitellius, le légat propréteur de la basse Germanie, profita de l'irritation du soldat, se fit proclamer à son tour, et lança sur l'Italie tout l'effectif disponible à l'armée du Rhin, ne laissant dans les dépôts, réduits à six, que des cadres et quelques vieux soldats[4]. On comptait sur les bonnes dispositions des peuples voisins du fleuve. La victoire de Bédriac avait à peine inauguré en Italie un nouveau principat, qu'éclata la révolte de Civilis. Le

[1] Dion Cassius, liv. LVI, chap. XXII et XXIV.

[2] Tacite, Annal., IV, v.

[3] Dion Cassius, liv. LV, chap. XXIII et XXIV.

[4] Pauci veterum militum in hibernis relicti, festinatis per Gallias delectibus ut remanentium legionum nomina supplerentur (Tacite, Hist., liv. II, ch. LVII).

péril était extrême. Aucun secours ne pouvait venir de l'Italie, où allait se jouer de nouveau le sort de l'empire; le seul propréteur resté sur le Rhin était vieux et goutteux; on le savait irrésolu; et cependant la machine était si bien montée, le recrutement parmi l'élément gaulois si facile, les ressources en engins de guerre si considérables, qu'on vit les jeunes légions se former et se constituer en peu de jours, s'enfermer dans les places fortes, s'y façonner aux manœuvres à l'aide de bons cadres, et, pendant que des ambitieux se disputaient l'empire au delà des Alpes, attendre résolûment l'ennemi de Rome. Civilis était redoutable; il avait attiré à lui les cohortes bataves, troupes aguerries, que Vitellius avait renvoyées à l'armée du Rhin après Bédriac. Les Frisii et d'autres Germains se joignirent au Batave, tandis que des Gaulois puissants parmi les Belges, les Treveri, qui avaient jadis refusé de répondre à l'appel de Vercingétorix, prenaient de leur côté les armes. En de telles conjonctures, l'insurrection semblait devoir triompher sans efforts. Il n'en fut pas ainsi : l'histoire montre au contraire les succès et les revers à peu près partagés jusqu'au moment où l'armée du Rhin, d'où étaient sortis les fauteurs de la guerre civile, apprit les succès remportés en Italie par l'armée d'Orient, et vit à son tour la discorde se jeter dans ses rangs éclaircis. On sait que des légions succombèrent; que d'autres se retirèrent chez les Mediomatrici; mais la résistance avait été assez longue pour faire hésiter les Belges et les Celtes que les Treveri appelaient aux armes. Aussi, lorsque les lieutenants de Vespasien arrivèrent sur le Rhin, la sédition n'avait gagné que les Lingones[1], et l'on

[1] C'est chez les Lingones que les cohortes bataves insurgées étaient campées avant la Guerre (Tacite, Hist., liv. I, ch. LIX).

put bientôt écrire à Rome que Civilis se reconnaissait vaincu, et que le fantôme d'empire inauguré à Trèves s'était évanoui.

Dans la suite, de nombreuses invasions repoussées et quelques expéditions, telles que celle qui traversa la grande Germanie sur les pas de Maximin, prouvèrent encore toute la solidité de l'organisation militaire des confins. A l'époque de Gallien, pendant que le monde romain eut à subir autant de satrapes qu'il y avait de généraux, Postume, appuyé sur l'armée du Rhin, repoussa les Germains et souda les Gaules, l'Espagne et la Bretagne en un seul empire qui dura treize ans, puissant, prospère et même honoré par les arts, comme le prouve la beauté des médailles légionnaires frappées par Victorin.

Au IIIe siècle, parmi les légions dont le métal a consacré les titres et les emblèmes, on retrouve la *XXII[a] Primigenia*, qui avait été créée par Claude pour remplacer des forces passées du Rhin en Bretagne ; cette légion, chargée de défendre les camps de Mayence, la tête de pont qui les protégeait et les hauteurs du Taunus, vit s'écouler les âges à ce poste d'honneur ; on peut citer aussi la *XXX[a] Ulpia*, que Trajan avait installée plus bas sur le Rhin, à Castra Vetera, et qui se trouvait encore dans les Gaules aux derniers jours de l'empire d'Occident.

Ce que j'ai dit en commençant du recrutement de l'armée romaine et les faits historiques que je viens de rappeler témoignent du nombre des Gaulois incorporés dans les légions qui défendaient la Gaule; les textes lapidaires ou historiques nous montrent aussi à l'armée du Rhin de nombreux corps auxiliaires désignés sous le titre d'*alae* ou de *cohortes Gallorum*, ainsi que des ailes de Tungri, de

Treveri, de Vocontii, et des cohortes de Belgii, de Nervii, de Menapii, de Morini, de Lingones, d'Helvetii, d'Aquitani et de Bituriges. Ces Gaulois, dont les discordes et l'inconstance avaient jadis entraîné la ruine, dont César disait qu'ils s'étaient amollis au contact de la riche Italie, et qu'ils étaient devenus inférieurs aux Germains après les avoir longtemps surpassés, démentaient donc glorieusement le jugement de leur vainqueur ; ils avaient retrouvé le privilége de vaincre depuis que leur courage bouillant, mais téméraire, avait subi le frein de la discipline et la puissance des institutions.

Comme le Rhin, tous les confins et tous les points menacés étaient occupés militairement ; des légions ou des cohortes auxiliaires tenaient des positions en Bretagne et défendaient le *vallum* qui séparait des barbares la conquête de Claude. Le Danube, relié au Rhin par des travaux de défense, avait ses armées; d'autres armées échelonnées sur le haut du Tigre, sur le Chaboras et l'Euphrate, protégeaient la Mésopotamie; la Palmyrène, la Phénicie, la Judée et l'Arabie Pétrée avaient aussi leurs légions, tandis que la *II^a Traiana*, après avoir stationné longtemps à Alexandrie, s'était avancée jusqu'aux cataractes du Nil, et, du camp de Parembole, maintenait en respect les peuples de l'Éthiopie. Enfin, en Numidie, la *III^a Augusta*, occupa dès le temps d'Auguste, avec ses cohortes auxiliaires et ses troupes spéciales, les camps voisins de Lambaese et fournit des postes avancés aux défilés de l'Aurès. On la retrouve au ve siècle, opérant encore en Afrique sous le comte de cette province. D'autres légions furent conservées plus longtemps encore ; ainsi la *II^a Adiutrix*, qui avait combattu sous Trajan, combattait encore sous Justinien cinq siècles plus tard. Extrême longévité des créations militaires et merveilleuse perpétuité de système, qui nous frappent d'étonnement, nous autres modernes, lorsque nous nous reportons par la pensée aux innombrables vicissitudes subies par l'organisation militaire du vieux monde, depuis que la grande empreinte de l'administration romaine s'est effacée de son sol.

La règle, qui faisait grouper les forces aux frontières, ne comporta que bien peu d'exceptions pendant la durée de l'Empire. En effet, s'il y eut sous Auguste trois légions en Espagne, la pacification du pays permit de les envoyer un peu plus tard aux frontières, et, si la *VII^a Gemina*, créée ou reconstituée par Galba, donna son nom à la ville de Léon et conserva toujours son dépôt sur ce point, même lorsqu'une partie de son effectif occupait les bords de l'Euphrate[1], ce fut moins, sans doute, dans un but stratégique que pour maintenir un centre régulier de recrutement parmi les belliqueux habitants de l'antique *Gallaecia*[2]. On peut citer encore une autre exception : une des trois légions parthiques créées par Septime Sévère pour la défense des confins orientaux de l'empire, séjourna en totalité ou en partie pendant un certain temps dans le centre de l'Italie ; Dion Cassius et les monuments ne laissent aucun doute à cet égard. Mais on retrouve plus tard cette légion sur les lignes de défense de la Mésopotamie. En principe, les provinces en deçà des confins ne gardèrent aucune force légionnaire,

1 Itinéraire d'Antonin, éd. Parthey et Pinder, n° 186.
2 Outre les légionnaires dont le service était obligé, la *Gallaecia* fournissait de nombreux soldats volontaires; ainsi les monuments nous montrent sur le Rhin parmi les auxiliaires, pendant l'empire, des *Astures*, des *Gallaeci* et des *Lucenses*.

dès qu'elles furent pacifiées[1], et si elles reçurent, pendant le haut empire, des corps auxiliaires, ce fut en petit nombre et dans les conditions que j'ai indiquées plus haut ; l'Italie elle-même, lorsque Auguste fut arrivé au pouvoir perpétuel, ne conserva habituellement que les troupes spéciales dont j'ai donné le détail. Cette absence presque absolue, dans les provinces, de corps appartenant à l'armée proprement dite, est constatée par l'historien Josèphe, qui fait dire au roi Agrippa que les cinq cents cités de l'Asie Mineure se passaient de tout corps de troupes ; que les peuples riverains de la mer Noire étaient gardés par trois mille hommes seulement et les Gaules par douze cents, en sorte que dans cette dernière province on rencontrait moins de soldats que de villes[2].

Les camps d'aujourd'hui ne donneraient qu'une idée imparfaite de l'installation des armées permanentes sur les confins et des conditions dans lesquelles s'y trouvait l'homme de guerre. Les confins étaient de véritables provinces habitées par des soldats, des vétérans et des auxiliaires, où la population non armée était peu nombreuse et soumise à l'autorité militaire. En avant du territoire occupé, s'élevaient de vastes et puissants travaux de défense dignes d'un peuple qui s'était fondé et développé par la guerre, pour qui l'abaissement des barbares était la préoccupation incessante, qui avait entretenu si longtemps des trésors militaires, et chez qui les plans de défense, conçus dans des vues d'ensemble, se poursuivaient pendant des siècles. Ainsi, pour prendre encore

[1] Une légion occupa jusqu'en 69 les camps de Lyon ; dans cette position elle se rattachait à l'armée du Rhin qui s'étendait de Vindonissa à la mer. Partie tout entière avec Vitellius, elle fut remplacée par une cohorte urbaine.

[2] Josèphe, Bell. ind., liv. II, chap. XVI, § 4.

nos exemples dans la Gaule, ce pays, avant César, en proie aux luttes intestines, avait des villes fortifiées; les siéges dont parlent les Commentaires en font foi; mais, la conquête terminée, les places gauloises sont négligées ; d'immenses travaux sont résolus, et c'est sur le Rhin que sont portées la résistance et la base d'opérations. Bientôt Drusus borde le fleuve de forts qui se développeront de jour en jour. Si les exploits de ce prince invitent un moment Rome à planter plus loin les jalons de l'avenir, elle y renonce bientôt et, grandissant sa puissance en la resserrant, elle s'arrête au fleuve, forte et durable, et lorsqu'elle le franchit avec Germanicus ou Maximin, c'est plutôt pour châtier l'agresseur que pour marcher à la conquête. Il faut se représenter les confins rhénans semés de châteaux qui peu à peu se relient par des remparts en quelque sorte continus[1]; sur la rive droite, des têtes de pont, des hauteurs couronnées; en arrière, sur la rive gauche, des vallées défendues par des travaux de seconde ligne, des routes stratégiques, et plus loin, en Gaule, des arsenaux et des fabriques[2]. A l'abri des murailles, les *hiberna* pourvus de casernes et d'établissements entretenus ou augmentés par les Consulaires et les Comtes dont la longue série se succéda dans le gouvernement des Germanies cis-rhénanes; puis les *aestiva* ou camps de manœuvres, placés d'ordinaire, en avant, sur les lignes d'attaque. Au milieu de ces œuvres accumulées par l'art de de la guerre, les légions, les cohortes et la cavalerie. Tout, hommes et choses, toujours prêt, si bien que les généraux

[1] Les travaux du Rhin se rattachaient à ceux du Danube et, dans l'angle que font les deux fleuves, c'est-à-dire dans les champs *decumates*, Trajan avait installé des vétérans qui contribuaient à la défense.

[2] Cf. Notice des dignités de l'empire, éd. Bœcking, t. II, p. 43.

en chef n'avaient pas besoin d'envoyer un courrier à Rome quand des événements imprévus exigeaient un brusque départ. La vie entre soldats, un culte rendu au dieu de la force et aux aigles sacrées, de rudes exercices, le voisinage de l'ennemi, une discipline de fer, entretenaient d'ailleurs parmi les légionnaires un esprit militaire qui survécut longtemps à la perte des mœurs dans les provinces de l'empire.

Les confins, ajoutons-le, étaient exempts de certains impôts. Les simples soldats jouissaient d'ailleurs de nombreux avantages : ils voyaient leur épargne encouragée et placée sous la protection des enseignes ; ils obtenaient des récompenses honorifiques abondantes; mouraient-ils sous les drapeaux, on leur élevait des monuments qui rappelaient les services rendus; arrivaient-ils à l'heure de l'*honesta missio*, ils trouvaient des champs à cultiver et parfois des fonctions municipales à remplir.

Si les armées romaines avaient les confins menacés pour emplacement permanent et obligé, elles n'en sortaient pas seulement pour marcher contre l'ennemi auquel elles étaient directement opposées, mais prenaient part avec d'autres armées à des guerres lointaines; de plus, pendant la paix, elles concouraient à l'exécution de certains travaux publics. Lorsqu'il y avait lieu d'envoyer hors de leur département des auxiliaires ou des légionnaires, on en formait des détachements, qui, suivant leur effectif, gardaient le numéro et le surnom de la cohorte auxiliaire ou de la légion, ou bien tiraient leur nom du drapeau spécial (*vexillum*) qu'on leur donnait et devenaient des vexillaires. Le centre de la légion, ce qu'on appellerait aujourd'hui le dépôt, restait sur la frontière, au milieu de ses établissements, recevait les nouvelles recrues, les formait, et gardait toujours son titre de cohorte auxiliaire ou légion[1], son surnom et son numéro d'ordre.

Le système qui faisait placer, en tout temps, les troupes sur les bases d'opérations, outre l'intérêt direct qu'il avait pour la guerre en facilitant les concentrations, était apprécié dans l'antiquité à un autre point de vue : je veux parler de l'avantage qu'il avait d'empêcher ou de rendre plus rares les contacts entre les légionnaires et les cités de l'Empire[2]. Les habiles Romains se rendaient justice; ils savaient qu'on était loin du temps où la milice légionnaire, levée parmi eux pour la durée de la guerre, puisait sa discipline dans la discipline même de la nation; et plus le niveau moral baissait en Italie et dans les provinces, plus ils s'attachaient à l'ancienne organisation[3]. Aussi demeura-t-elle intacte, cette organisation, jusqu'au temps de la tétrarchie dans les Gaules, plus tard encore dans d'autres parties de l'Occident et surtout en Orient. A la fin du IIIe siècle, les Gaulois commencèrent à s'insurger. Les troupes de police, les cohortes auxiliaires et l'*officium* des gouverneurs devinrent bientôt impuissants contre cette formidable levée de boucliers. On dut faire venir des légions des frontières et la Bagaudie fut vaincue.

Dioclétien et Maximien, qui créèrent plusieurs légions

[1] C'est ainsi que deux corps, opérant souvent aux extrémités de l'Empire romain, ont porté le même numéro, dans les inscriptions et dans les récits des historiens, ce qui a fait croire longtemps à l'existence de légions distinctes, là où il n'y avait qu'un dédoublement.

[2] Les mêmes principes avaient fait établir hors de Rome le camp des prétoriens.

[3] L'expérience n'avait que trop fait connaître les dangers de ces contacts. Une légion s'était démoralisée à Antioche et les vieux soldats du Rhin, eux-mêmes, venus en Italie avec Vitellius, avaient perdu en quelques semaines leur discipline et leur amour du combat.

surnommées les unes *Iovia* ou *Herculia*, les autres *Diocletiana* ou *Maximiana*, ne renoncèrent pas toutefois aux antiques armées des frontières[1], malgré la nécessité de pourvoir aux troubles intérieurs; mais on croit généralement que chaque légion fut divisée dès lors en préfectures et put ainsi occuper plusieurs points à la fois. Sous les seconds Flaviens et leurs successeurs, le système des troupes réparties à l'intérieur s'implanta définitivement, et malgré la création de nombreux corps, sans doute de faible effectif, et l'enrôlement des barbares, les confins se virent de plus en plus appauvris. Ainsi il ne resta sur le Rhin aucune des anciennes légions, des cohortes auxiliaires ou des ailes qui servaient avec elles; ces divers corps avaient disparu ou avaient été envoyés en Italie et dans les provinces de l'Orient. La *XXX*^{a} *Ulpia*, de Castra Vetera, était disséminée dans les Gaules, *intra Gallias*[2]. Le Rhin n'avait alors qu'une légion constantinienne et que des corps de nouvelle formation recrutés en partie parmi les riverains[3]; ces forces sédentaires étaient placées sous les ordres des Comtes ou des Ducs; soutenues de temps en temps par les armées mobiles que conduisait le Maître de l'infanterie ou le Maître de la cavalerie, elles luttèrent encore, mais en vain, et les remparts séculaires élevés par la nature et par l'homme contre les Germains furent définitivement franchis. Un passage de Zosime[4] est curieux à consulter à ce sujet. L'historien grec, après avoir peint en termes très-vifs le soldat démoralisé par les plaisirs des villes et changeant

[1] Zosime, Hist., éd. Reitemeier, liv. II, chap. XXXIV, p. 159.
[2] Notice des dignités, éd. Bœcking, t. II, p. 117.
[3] Id., ibid., p. 36.
[4] Zosime, édit. cit., livre II, chapitre XXXIV, p. 159.

bientôt son esprit de discipline contre l'esprit des provinciaux, n'hésite pas à accuser formellement Constantin d'avoir livré le monde romain aux barbares en détruisant les antiques armées des frontières. Je n'apprécierai pas les motifs qui guidèrent Constantin, ou, plutôt, qui s'imposèrent à sa volonté. Il me suffit d'avoir montré, en terminant, jusqu'à quelle époque relativement récente s'était conservé, dans le vieux monde, le système de l'emplacement des troupes sur les frontières et combien les bons esprits le regrettèrent lorsqu'il eut été abandonné.

Janvier 1872.

MÉDAILLES COMMÉMORATIVES

DES

ÉVÉNEMENTS MILITAIRES

ACCOMPLIS

SOUS LE RÈGNE DE HENRI II

1551-1553

PREMIER ARTICLE

EXPÉDITION DANS LES TROIS ÉVÊCHÉS LE LUXEMBOURG ET LE HAINAUT — GUERRE DE PICARDIE — DÉFENSE DE METZ — REPRISE D'HESDIN

La France était en paix depuis les traités signés par François 1er, le 18 septembre 1544, avec Charles-Quint et, le 7 juin 1546, avec Henri VIII. Ce temps de calme avait été employé utilement. Henri II était un prince organisateur; sa vaste correspondance avec ses généraux et ses ambassadeurs en fait foi. Le connétable Anne de Montmorency, s'il fut quelquefois général malheureux, se montra toujours grand administrateur et conseiller intègre. Le Roi avait autour de lui une noblesse brillante, que les revers du dernier règne avaient rendue prudente, et des capitaines habiles, parmi lesquels se distinguaient le duc de Guise, jeune encore, « qui tenoit lors le second lieu de valeur et de faveur pres de Sa Majesté [1] », le duc d'Aumale qui venait d'être nommé colonel général de la cavalerie légère, le duc de Vendôme lieutenant général en Picardie, le duc de Nevers en Champagne, et par-delà les monts le maréchal de Brissac. L'armée s'était reformée ; un matériel d'artillerie, considérable pour le temps, s'était constitué ; des impôts lourds mais mieux répartis avaient rempli les caisses royales. Enfin la centralisation gouvernementale, qui grandissait à mesure que s'effaçaient les traditions de la féodalité, permettait au Roi d'agir avec plus d'ensemble, de rapidité et de sûreté que ses prédécesseurs. La Cour désirait donc la guerre.

Or, dès l'année 1551, l'occasion se montra favorable. Le Roi d'Angleterre n'était plus le terrible Henri VIII, mais un enfant entouré d'embûches et qui allait bientôt perdre un des deux ports qu'il avait encore sur les côtes de France. Le pape Jules III se laissait entraîner dans une lutte qu'il était impuissant à poursuivre et qui donnait à Henri II un prétexte plausible pour intervenir dans les affaires de la Péninsule [2]. Enfin Charles-Quint, qui enserrait le royaume de France au nord par l'Artois, le Hainaut et le Luxembourg, au sud par l'Espagne, à l'est par la Franche-Comté et les villes d'Empire, et qui menaçait le Piémont de toute la puissance que lui donnaient en Italie les longues hésitations de la Cour de Rome et la possession du Mila-

[1] Boyvin du Villars, *Mémoires*, édition Michaud et Poujoulat, p. 24.

nais, du Plaisantin et du royaume de Naples, Charles-Quint allait, contre toute attente, passer par une phase profondément cruelle. La manière implacable dont il avait usé de la victoire de Mühlberg, ses rigueurs envers les anciens alliés de Smalkalde et la dure captivité de deux princes, avaient profondément irrité le parti protestant, tandis que le souvenir du sac de Rome et les inquiétudes qu'inspirait l'intérim d'Augsbourg commençaient à ébranler les catholiques et à rapprocher de la France le pape Jules III, qui voyait lui échapper en Allemagne une partie des affaires ecclésiastiques. Les Princes protestants allaient prendre de nouveau les armes, et les Turcs, qui avançaient menaçants dans la vallée du Danube, paralysaient la meilleure partie des forces de l'archiduché héréditaire d'Autriche. Mais, leurré par sa prodigieuse et constante fortune, l'Empereur croyait l'Allemagne domptée et pensait que le roi d'un pays aussi cruellement amoindri que l'était la France depuis les derniers traités, se bornerait à escarmoucher sur les frontières et à lutter avec lui d'influence en Italie. Dans sa confiance, il avait à peine laissé quelques garnisons en Allemagne, avait licencié ses régiments de lansquenets et envoyé en Italie celles des vieilles bandes espagnoles qu'il n'avait pas données au Roi des Romains contre Souleïman. Lui-même, dès la fin de l'année 1551, s'était installé dans le Tyrol, à Inspruck, d'où il pouvait surveiller à la fois et le concile de Trente, dont il attendait beaucoup, et la haute Italie, où les partis étaient en présence. Il n'avait point d'armée sur pied, à proprement parler, et s'était borné à faire protéger sa personne par un petit corps de troupes et par des garnisons jetées dans les forts qui commandaient les gorges du Tyrol.

Pendant ce temps, Maurice de Saxe, chef du parti protestant, oubliant qu'il avait accepté des mains de l'Empereur l'électorat enlevé au vaincu de Mühlberg, excitait habilement les haines, réunissait les mécontents à Augsbourg et faisait des ouvertures à Henri II. Cette ligue était le rêve du Roi ; mais il fallait avant tout traiter en secret et ne pas éveiller le lion qui dormait dans le Tyrol. Un diplomate émérite, l'évêque de Bayonne, Jean de Fresse et non du Fresne, comme on l'appelle généralement, fut envoyé à Maurice et traversa l'Allemagne déguisé en soldat : on tomba bientôt d'accord et un traité secret fut signé, le 5 octobre, à Friedwald par de Fresse. Ce traité, ratifié à Chambord, le 15 janvier, unissait les contractants pour « la conservation des franchises et libertés des électeurs, princes et estats de l'Empire ». Henri II, déclaré protecteur des libertés germaniques, devait fournir à l'Électeur de Saxe, pour l'entretien des gens de guerre en Germanie, d'abord 240000 écus qui seraient versés chez un banquier de Bâle, puis d'autres subsides de mois en mois. On échangeait des otages et il était dit qu'on trouverait bon que le Roi s'impatronisât le plus tôt qu'il le pourrait dans les villes appartenant d'ancienneté à l'Empire, mais non de langue germanique, savoir Cambrai, Toul, Metz, Verdun et autres semblables, et qu'il les gardât comme vicaire de l'Empire [1].

C'est aux premiers jours du printemps de l'année 1552 qu'on devait, en France et en Allemagne, marcher contre l'ennemi commun.

Le Roi employa l'hiver en préparatifs : des corps nou-

[1] La pièce originale est conservée aux Archives nationales de France.

veaux furent créés, d'autres distribués dans les places voisines du Luxembourg et de la Lorraine. Lorsque tout fut prêt, le Roi lança un manifeste dans lequel il exposa ses griefs contre l'Empereur et déclara qu'il s'unissait aux Princes protestants pour le maintien des libertés germaniques. « Au titre de cest escrit, il y avoit un chapeau entre deux poignards et estoit escrit à l'environ que c'estoit la devise de liberté. Aucuns dient que ceste devise avoit esté trouvée en des vieilles monoyes et jadis usurpée par les meurtriers de Caye Cesar [1]. » La pensée, qui inspirait le manifeste et sa devise symbolique, fut aussi confiée au bronze et l'on frappa à Paris deux médailles dont l'une existe encore à la Monnaie (voir planche I). La composition de ces belles médailles de haut-relief est empruntée, comme l'avait très-bien remarqué Sleidan, à des deniers d'argent frappés à Rome par Brutus, tantôt avec la légende LIBERTAS P[opuli] R[omani] RESTITVTA, tantôt avec ces simples mots, terribles par leur laconisme : EID[ibus] MAR[tis] [2]. Choisir ce type antique, en 1552, c'était à la fois consacrer l'idée de l'affranchissement de l'Allemagne, idée qui avait servi de base ou de prétexte au traité de Chambord, et menacer audacieusement le César germanique du sort du César romain.

Le 10 mars, l'armée était réunie dans les plaines qui s'étendent entre Châlons et Joinville. L'avant-garde, commandée par le connétable Anne de Montmorency, franchit les défilés de l'Argonne et vint mettre garnison dans Toul et dans Metz, selon les clauses du traité de Chambord. Le Roi, retenu quelques jours à Joinville par la maladie de

1 Sleidan, Hist. de l'estat de la religion, etc., traduction de 1558, p. 769.

2 Cohen, Méd. consulaires, pl. XXIII, fig. 14 et 15, et pl. XXIV, fig. 16.

la Reine, fit son entrée à Toul, le 12 avril, prêta, en qualité de Protecteur, serment dans la cathédrale et, après avoir changé le magistrat et institué un gouverneur militaire, partit pour Nancy. La capitale du duché de Lorraine était un point important où le Roi voulait mettre garnison, mais le Conseil de Lorraine s'y refusa en invoquant la neutralité du duché. De Nancy, le Roi vint placer quelques troupes dans une autre ville lorraine, à Pont-à-Mousson et rejoignit enfin à Metz toute son armée qui l'attendait. Il renouvela dans cette grande cité le serment de Toul et rassura les habitants qui se plaignaient de ce que le Connétable leur avait enlevé la garde de leurs portes. Parti de Metz, le 20 avril, Henri II passa par Sarrebourg, où il apprit le succès de ses négociations avec Jules III, puis, quittant les pays neutres, il franchit les Vosges au col de Saverne pour descendre sur les terres d'Empire [1]. A Saverne arrivèrent les députés de Strasbourg, qui offrirent des vivres; on parlementa. Le Roi, partageant les espérances du Connétable, croyait que Strasbourg ouvrirait ses portes; il s'était trompé, car, si l'on en croit Vieilleville, la ville libre reçut à coups de canons de prétendus visiteurs dont les nombreux laquais n'étaient autres que des soldats déguisés [2]. La tentative sur Strasbourg manquée, l'armée s'empara facilement de Haguenau et de Wissembourg, qui n'étaient pas en mesure de résister.

De son côté, Maurice de Saxe, sûr de l'appui du Roi et

[1] Le Roi arriva à Saverne le 3 mai (Sleidan, Hist. de l'estat de la religion, p. 172).

[2] Vincent Carloix, Mém. du maréchal de Vieilleville, Paris, 1757, in-12, liv. II, p. 255. Cette ruse de guerre n'est rapportée ni par François de Rabutin, qui était aussi à l'armée et dont les récits sont généralement complets, ni par Sleidan, qui fut un des bourgeois de Strasbourg désignés pour conférer avec le Roi et le Connétable.

nanti des sommes importantes que lui avait assurées le traité de Chambord, avait fait ses apprêts de guerre avec une habileté et un mystère qui furent pour ses contemporains un profond sujet d'étonnement et d'admiration. Pendant que l'Empereur, toujours dans sa quiétude, lui demandait une entrevue, l'Électeur apparut tout à coup, le 18 mars, en Thuringe, à la tête d'une armée. C'était le moment même où l'avant-garde française s'ébranlait sous les ordres du Connétable. Maurice s'avança avec Albert de Brandebourg[1] à travers l'Allemagne ; il vit les villes ouvrir leurs portes devant lui, et même Augsbourg, où l'Empereur avait une garnison nombreuse. Charles-Quint surpris donna des ordres pour faire arriver par Trente les troupes qu'il avait en Italie et, afin de gagner du temps, demanda à entrer en pourparlers. Maurice était l'ennemi de la politique impériale plutôt que de l'Empereur lui-même; il consentit aux conférences, qui s'ouvrirent à Lintz et écrivit, le 11 mai, à Henri II, pour lui demander dans quelles conditions il entendait être compris au traité, si les préliminaires aboutissaient à la paix[2]. Le Roi était à Wissembourg lorsqu'il reçut ces ouvertures; il comprit que ses intérêts seraient désormais peu défendus par des Princes qui n'avaient plus besoin de lui et répondit qu'il avait pris les armes pour les libertés de l'Allemagne et qu'il ne regretterait aucun de ses sacrifices si ces libertés étaient enfin garanties. Il ajouta qu'il ne pousserait pas plus loin sa marche sur les terres d'Empire et ramènerait ses troupes en France.

1 Albert, surnommé le Belliqueux, l'Alcibiade, était arrière-cousin de Joachim II, qui occupait alors le trône électoral de Brandebourg; on le nommait aussi Albert le jeune, pour le distinguer de son oncle Albert, premier duc de Prusse.

2 Sleidan, Histoire de l'estat de la religion, édit. citée, p. 774.

Si Henri II montrait tant de magnanimité, c'est qu'il y était en quelque sorte contraint. En effet, les Électeurs et même ses plus vieux alliés, les Cantons suisses, l'engageaient à s'arrêter, et il jugeait à la résistance de Strasbourg et à celle de Spire qu'il n'y avait plus rien à obtenir des villes impériales.

En outre, la Reine Marie, sœur de Charles-Quint, régente des Pays-Bas, venait d'envoyer une armée en Champagne [1] et s'était emparée de la ville lorraine de Stenay. Il fallait donc rentrer en France ; mais on décida de le faire utilement et de prendre par le duché de Luxembourg, qui faisait partie du patrimoine de Charles-Quint. L'armée française quitta donc les bords du Rhin. Elle était divisée, pour la facilité du vivre, en trois colonnes devant se réunir à Rodemack, petite place située au nord-est de Thionville. Dès que ce mouvement se fut dessiné, les troupes bourguignonnes, comme on les appelait encore, battirent en retraite et évacuèrent Stenay. Rodemack fut enlevé ; il en fut de même de Damvillers, ville fortifiée à la moderne, qui servait de clef au Luxembourg. Henri II quitta un moment le siége de Damvillers pour venir faire son entrée à Verdun [2], dont le protectorat lui avait été assuré par le traité de Chambord. Bientôt le siége fut mis devant l'importante place d'Yvoi, que l'artillerie française dirigée par le grand-maître en personne, réduisit avec les plus belles batteries qu'on eût encore vues [3].

[1] Cette armée avait été réunie d'abord pour attaquer Metz, après que le Roi eut quitté cette ville. (Délibérations de la reine de Hongrie, du 29 avril 1552, Archives du royaume de Belgique, papiers d'État, lettres des seigneurs, t. IV. fol. 398).

[2] Rousselle, Histoire de Verdun, édit. 1864, t. I, p. 386.

[3] Brantôme, Grands capitaines françois, Vie de M. d'Estrée, édit. Lalanne, t. III, p. 78.

Montmédy ouvrit ses portes sans attendre le siége. Enfin le maréchal de la Marck, qui commandait à Sedan, obtint du Roi de joindre les légionnaires de Champagne et quelque cavalerie légère à sa compagnie d'hommes d'armes et récupéra sur l'évêque de Liége son château de Bouillon.

Le Roi, par un mouvement heureux, avait en quelques jours forcé l'armée de la Reine Marie à battre en retraite et occupé les lisières du Luxembourg; résolu à pénétrer dans les Pays-Bas et sans doute à faire une tentative sur Cambrai, la dernière des villes de langue française comprises au traité de Chambord, il entra en Hainaut, après avoir laissé au duc de Nevers, lieutenant général en Champagne, assez de forces pour assurer la conservation des places enlevées à Charles-Quint.

Les nouvelles opérations n'eurent point le succès qu'on en attendait; après avoir brûlé Chimay et enlevé Trélon [1] et le château de Glageon, on se décida à battre en retraite. L'armée, fatiguée par des marches qui duraient depuis le mois de mars, était en proie aux maladies et les pluies rendaient presque impossible le transport de l'artillerie. D'ailleurs Charles-Quint s'était réconcilié avec l'Allemagne et mettait une ardeur extrême à ses préparatifs contre la France; il fallait à tout prix reposer les soldats et reconstituer les compagnies avant l'arrivée d'un ennemi si redoutable.

C'est à Estrée-le-Pont [2], le 26 juillet, que le Roi fit faire les *monstres* et disloqua l'armée; une partie de celle-ci passa sous les ordres du duc de Vendôme, qui retourna

[1] Fr. de Rabutin, Commentaires des dernières guerres en la Gaule Belgique, édit. Michaud et Poujoulat, p. 427.

[2] Étréaupont (Aisne), sur l'Oise, au confluent de cette rivière avec le Thon, à 2 lieues N.-E. de Vervins.

dans son gouvernement de Picardie; le reste fut envoyé en garnison, autant que possible sur les frontières de Champagne et de Lorraine [1].

La lutte entre l'Empereur et les Princes protestants avait duré moins qu'on ne l'avait espéré en France. Charles-Quint, qui se croyait à l'abri derrière la chaîne de l'Innthal, n'avait fait, il est vrai, dès l'abord, que des concessions insignifiantes et les conférences de Lintz avaient été rompues. Mais Maurice de Saxe, dans une marche rapide, avait forcé les passages du Tyrol, enlevé un château en nid d'aigle réputé imprenable, battu la petite armée qui couvrait l'Empereur et fait 3000 prisonniers [2]. La route d'Inspruck ouverte, il s'y était précipité, et le puissant Charles qui triomphait naguère à Mühlberg, à cheval, une javeline d'or à la main, en avait été réduit à fuir au milieu de la nuit, épuisé, malade, et à gagner les montagnes dans une litière. Les conférences renouées, puis interrompues par l'obstination de l'Empereur alors retiré en Carinthie, avaient enfin abouti sous les menaces de Maurice de Saxe, qui avait repris une troisième fois les armes avec sa fougue et son bonheur habituels. Enfin, le 2 août 1552, était intervenu le célèbre traité de Passau, qui assurait la liberté du culte réformé et brisait les tendances monarchiques de la maison d'Autriche. Parmi tous les Princes, Albert de Brandebourg, mettant en avant ses devoirs envers le Roi de France, avait seul refusé sa signature et maintenu ses forces sur pied. Il se mit à piller les électorats ecclésiastiques des bords du Rhin, au moment où Henri rentrait dans son royaume [3].

[1] Vincent Carloix, Mém. du maréchal de Vieilleville, édit. citée, t. II, p. 355.
[2] Sleidan, Hist. de l'est., édit. citée, p. 776.
[3] Sleidan, Hist. de l'estat, édit. citée, p. 779.

L'Empereur n'avait plus qu'un seul souci, celui de se venger de la France, dont l'appui l'avait livré aux Princes protestants et qui, non-seulement était devenue maîtresse de trois villes d'Empire, mais avait ravagé la lisière du Luxembourg et du Hainaut, états héréditaires de la maison d'Autriche.

Charles-Quint arriva, le 14 août, en Bavière, où ses troupes se concentraient sous les ordres du duc d'Albe. Pour tromper l'opinion publique, il annonçait partout qu'il allait marcher contre les Turcs ; mais, lorsque quittant la vallée du Danube il se fut avancé vers le nord, personne ne douta plus de ses projets. Cependant on ignorait encore s'il attaquerait la France par la Lorraine ou s'il irait joindre son armée à celle des Pays-Bas pour entrer en Picardie ; arrivé à Bretten, dans le Palatinat, il tourna brusquement à gauche et, le 15 septembre, il arriva à Strasbourg. C'était la route de Lorraine.

L'armée royale, ainsi qu'on l'a vu plus haut, avait été disloquée à Estrée-au-Pont ; la partie emmenée par le duc de Vendôme avait remporté quelques succès sur les frontières de l'Artois[1] ; quant aux garnisons des places fortes de l'est, elles étaient loin d'être assez nombreuses, mais on ne pouvait les renforcer toutes. Or, comme on ignorait encore si Charles-Quint attaquerait Metz ou s'il se porterait sur les places du Luxembourg et de là sur Verdun, ou enfin si, prenant plus au sud, il entrerait à Nancy et marcherait ensuite sur la Champagne en tournant ou en assiégeant Toul, le Roi, contraint de laisser les garnisons à un effectif minimum, résolut d'avoir une armée mobile d'une certaine importance qui pût être dirigée sur le point qui serait menacé.

[1] Mémoires-journaux du duc de Guise, lettre du duc d'Aumale datée du 29 août ; édit. Michaud et Poujoulat, p. 79.

On rappela donc de Picardie presque toutes les forces dont disposait le duc de Vendôme, qui se trouva désormais dans l'impossibilité de tenir la campagne et s'apprêta seulement à résister dans les principales forteresses de son gouvernement. L'armée d'observation fut concentrée à Saint-Mihiel sous les ordres du Connétable.

Le 19 octobre, le duc d'Albe, capitaine général de l'Empereur, planta son camp devant Metz. L'armée impériale, déjà l'une des plus grandes que Charles-Quint eût mises jusque-là en ligne, s'augmenta encore par l'arrivée du margrave Albert, lorsque ce prince vénal, n'ayant pu obtenir les sommes excessives qu'il demandait au Roi, eut traité avec l'ennemi de la France. Les forces qui enveloppaient la place s'élevaient, selon les documents espagnols [1], à 60000 hommes [2] sans compter la suite des princes, les pionniers, les valets des hommes d'armes et les goujats. Les récits français indiquent un nombre beaucoup plus élevé [3], dans lequel ils font entrer sans doute les non-combattants et les détachements envoyés plus loin pour protéger contre les partis français les convois de vivres et de matériel expédiés du Luxembourg et de la Franche-Comté. Ambroise Paré parle de 120000 hommes. Quant à la petite chronique écrite dans le couvent des Célestins à Metz, elle donne le chiffre 200000 évidemment exagéré [4].

[1] Ces documents, qui proviennent de l'ancienne chancellerie impériale, ont été transcrits en 1853 par M. Gautier, colonel du génie, alors commandant en second de l'école de Guadalajara, et traduits par M. le général d'artillerie de Boblaye. Leur publication est due à M. Chabert, qui leur a donné place à la suite d'une réimpression de l'œuvre de Salignac (in-4°, Metz, 1856).

[2] Documents espagnols, édition citée, p. 129.

[3] Ambroise Paré, Voyage à Metz, œuvres complètes. Paris, 1614, p. 1205.

[4] Histoire bénédictine de Metz, t. III, p. 49

Pendant que commençait le siége de Metz, le comte de Rœux ravageait impunément la Picardie[1] et, par la prise d'Hesdin sentinelle avancée de la France en Artois, forçait bientôt le Roi à renvoyer au duc de Vendôme la plus grande partie de son armée. Le camp de Saint-Mihiel ainsi réduit fut affaibli encore par un combat de cavalerie dans lequel le duc d'Aumale, qui voulait empêcher le margrave Albert de faire sa jonction avec le duc d'Albe, perdit beaucoup de monde et fut fait prisonnier. Dès lors les places occupées dans les Trois-Évêchés ou conquises en Luxembourg pendant la campagne du printemps furent à peu près laissées aux ressources de leurs faibles garnisons et aucun secours sérieux ne put leur être porté. Metz, devant laquelle un des plus grands faits militaires du XVIe siècle allait s'accomplir, avait à peine, pour ne parler que des combattants, 220 hommes d'armes, 444 chevau-légers, 100 arquebusiers à cheval et 4500 hommes de pied[2], et encore ces faibles effectifs devaient-ils diminuer pendant le siége; mais l'élite de la noblesse française s'était jetée dans la place avec le duc de Guise, lieutenant général du Roi, et Pierre Strozzi, qui le secondait comme maréchal de camp.

La ville était très-étendue et enveloppée seulement d'une vieille muraille flanquée de tours et qu'une fausse-braie ne renforçait pas partout. Les magistrats de la cité indépendante, qui ne redoutaient aucun ennemi, n'avaient pas jugé

1. Documents espagnols, édit. citée, p. 121.

2. Bertrand de Salignac, édit. Chabert, p. 109 et suivante. D'après un ordre royal promulgué au commencement de la guerre, chaque homme d'arme devait avoir avec lui deux archers (Cf. Ambroise Paré, édit. citée, p. 1203); mais il ne paraît pas que ce nombre ait été atteint dans les compagnies qui formaient la garnison de Metz (Cf. Boyvin du Villars, Mémoires, édit. Michaud et Poujoulat, p. 119).

à propos d'introduire dans son système de défense les progrès récents de la fortification. Des constructions s'adossaient aux murailles, encombraient les fossés et s'étendaient dans la campagne. Le duc de Guise, dès son arrivée, le 17 août, avait fait raser tout ce qui gênait l'œuvre du canon; mais il n'avait pu, malgré tous ses efforts, renforcer par des terrassements que la partie d'enceinte regardant l'Allemagne. Ce fut, en effet, de ce côté, au nord-est, que devait se présenter et que se présenta le duc d'Albe. L'armée ennemie s'installa sur le plateau de Grimont, tandis que son avant-garde s'avança sur les hauteurs de la Belle-Croix qui dominent les murailles du côté de la porte Sainte-Barbe (pl. II [1], lettres C et D) et prennent des revers sur l'île Chambière, formée au nord de la ville par deux bras de la Moselle. Des tranchées et des batteries avaient été exécutées par l'avant-garde et le feu de l'ennemi s'était ouvert, lorsque tout à coup, renonçant à une position élevée d'où il battait des murailles particulièrement faibles, le duc d'Albe alla, le 2 novembre, passer de vive force la Seille au pont de Magny (planche II, lettre M) avec le gros de l'armée et plaça son camp au Sablon, plaine ondulée qui s'étend entre la Seille et la Moselle, en amont de la place. Quatre régiments et 3000 chevaux restèrent au camp de Grimont (pl. II, l. O).

Ce changement de position étonna les assiégés, qui considéraient le point d'attaque abandonné comme le plus dangereux pour la place. L'examen des lieux permet d'assigner

[1] Cette planche est une réduction du plan que l'imprimeur Ch. Estienne a joint à l'édition de l'ouvrage de Bertrand de Salignac sur le siége de Metz (Paris, M.D.LIII., in-4°). Bien que la perspective y soit mêlée aux projections, et qu'il ne donne pas une idée exacte des distances, ce plan n'offre pas moins un grand intérêt au point de vue des attaques de l'ennemi et des progrès de ses tranchées.

au mouvement des Impériaux deux motifs également puissants. Le premier était la différence du terrain : sur le plateau de Grimont et à la Belle-Croix, le sol de nature argileuse devient impraticable après quelques jours de mauvais temps et, selon les récits espagnols, l'automne de 1552 fut très-pluvieux ; au contraire, le sol perméable du Sablon promettait une installation moins mauvaise pour les camps et des tranchées qui ne seraient pas noyées. Le second motif était essentiellement technique : la place, à l'est, en face des hauteurs de la Belle-Croix, était doublement protégée par la Seille, qui baignait ses murs et qui formait en outre, à l'intérieur à une certaine distance de l'enceinte, une large coupure. Or les eaux de cette rivière, qui a peu de pente, grossissent considérablement à la fin de l'année ; les Impériaux auraient eu, par conséquent, aux derniers instants du siége, des passages de fossés bien difficiles à tenter. Quant à la partie d'enceinte qui s'étendait jusqu'à la basse Moselle, elle ne présentait, il est vrai, qu'un fossé plein d'eau, formé par la jonction des deux branches de la Seille, mais elle venait d'être renforcée à l'intérieur par un puissant retranchement qui naguère encore portait le nom de retranchement de Guise. Au nord et au nord-ouest, les deux bras de la Moselle, larges et rapides, rendaient les attaques plus difficiles encore. Au sud-ouest, au contraire, le grand ouvrage rectangulaire en saillie qui défendait la ville en face du Sablon, s'il n'était pas dominé, n'avait point d'eau dans ses fossés et, sauf une plate-forme, ne se composait encore que des anciennes murailles sans remparts. Le nouveau point d'attaque semblait donc indiqué. Ce fut d'abord entre la porte Saint-Thiébaut (pl. II, l. G) et la porte Champenèze (pl. II, l. H) que les tranchées s'étendirent (pl. II, l. R). La porte Champenèze et les murs voisins furent rapidement entamés et le duc de Guise, qui se tenait dans la fausse-braie, faillit être enseveli sous les décombres ; mais les batteries de brèche n'étaient pas parvenues à voir le bas des murailles et l'assaut était impossible.

Surmontant les douleurs de la goutte qui l'avaient arrêté à Thionville, Charles-Quint rejoignit l'armée, le 18 novembre, et, après avoir reconnu la place avec son capitaine général, il décida que les efforts du siége se porteraient plus à gauche, et qu'on battrait à la fois le château de la porte Champenèze qui tenait encore, la tour d'Enfer qui formait du côté de la Moselle une saillie prononcée (pl. II, l. I) et les petites tours, réparties sur la longue courtine qui reliait ces deux importants ouvrages. Le sol étant un peu plus élevé que du côté de la Seille, on espérait atteindre enfin le pied des murailles. Une artillerie puissante ouvrit son feu. Les batteries les plus redoutables étaient installées sur des cavaliers en terre en face de la porte Champenèze et de la tour d'Enfer (pl. II, l. S). La place, qui ne possédait que peu de canons, ripostait médiocrement ; mais les sorties, conduites avec autant d'habileté que d'audace, venaient incessamment tomber sur les travailleurs des tranchées et forçaient l'ennemi à tenir des gardes considérables sur pied et à combattre chaque jour. En même temps le duc de Guise, donnant l'exemple et portant la hotte, faisait remuer la terre incessamment et des remparts s'élevaient rapidement derrière les murailles. Vers la fin de novembre, après une visite de Charles-Quint aux tranchées, le feu de l'artillerie ayant redoublé, la tour d'Enfer s'entr'ouvrit sur une largeur de vingt pieds et deux tours voisines, celle des Vassieux et celle des Ligniers, situées sur la grande face (pl. II, l. V), furent entièrement ruinées et entraînèrent dans leur chute un large pan de muraille qui s'écroula avec fracas. Un cri immense s'éleva du camp des Impériaux; mais, lorsque la poussière se fut dissipée, on aperçut derrière la courtine renversée le rempart en terre qui avait surgi comme par enchantement. Il fallut recommencer l'œuvre du canon. La tour d'Enfer, qui tenait encore, devint le principal objectif; les cheminements, sous la protection du cavalier, atteignirent bientôt les fossés et permirent de les couronner par une tranchée qui reçut deux canons et un grand nombre d'arquebusiers. On était alors si près les uns des autres qu'on s'entendait parler. Enfin la tour d'Enfer et les travaux de la défense qui s'y rattachaient tombèrent à leur tour et les Impériaux eurent devant eux une large brèche de quatre-vingt-dix pas qui sollicitait l'assaut.

Le 7 décembre, au point du jour, les tambourins ennemis battirent sur toute la ligne, et les piques scintillant au-dessus du parapet des tranchées dénoncèrent de longues colonnes d'attaque se rapprochant de la place. Guise se précipite au sommet de la brèche, suivi de son jeune frère, le marquis d'Elbeuf, du prince de Bourbon, du duc de Nemours, d'Horace Farnèse, des Montmorency, du vidame de Chartres, du comte de Martigues et de tous ceux qui, servant directement sous sa cornette, avaient le privilége de partager avec lui le poste d'honneur. L'assaut ne fut pas donné, et Metz eut la gloire d'arrêter la fortune du grand Empereur[1].

Il existe une belle médaille dont la composition fut inspirée par ce moment solennel. Elle montre le duc de Guise

[1] Voir, pour l'histoire du siége de Metz : le Brief discours du siege de Metz en Lorraine, Lyon, Payen-Rollet, in-4°, 1553; — les Ephémérides du siege et saillyes de Metz, par Y. L., sieur des Chagnatz, soldat en la compagnie du capitaine Voguedemar, réimprimé à Metz, 1849, in-12; — la Chronique de Jean Carion, continuée par Mélanchthon, Wittemberg, 1558.

debout entre la tour d'Enfer et la tour voisine; appuyé sur sa lance et son bouclier il jette à Charles-Quint et à l'armée impériale en désordre cette apostrophe HÆC TIBI META [1] (planche III).

Charles-Quint ne s'avoua pas vaincu. Pendant les jours suivants, tantôt il eut recours aux mines ou fit tonner son artillerie, tantôt il commanda l'assaut. Mais ce fut en vain. La poudre avait fait son œuvre et ses soldats épuisés ne pouvaient ou ne voulaient plus faire la leur.

C'est ainsi que finit cette formidable entreprise dont on devait tout attendre. Le soixante-cinquième jour de l'arrivée du duc d'Albe et le quarante-cinquième de l'ouverture du feu, à bout de courage et d'espoir [2], si l'on en croit Vieille-

[1] Ces trois mots, plus éloquents que le long discours prêté par de Thou (Hist., liv. XI, t. II, p. 320) au duc de Guise, furent heureusement reproduits dans un dystique composé à l'occasion d'une fête à laquelle assistait le vainqueur de Charles-Quint. Un contemporain, Estienne Pasquier (Œuvres, t. II; Lettres, p. 17 et suiv.), nous a ainsi conservé ce souvenir : « La fête se donna dans la grand'salle de Bourbon, environnée d'une « infinité de chapeaux et festons de lauriers, apposez en commemoration de « tout ce qui s'estoit passé, dans lesquels estoit ce distique :

« Herculis optasti longas transire columnas,
« Siste gradum metis, hæc tibi meta datur.

« La rencontre se faisoit sur la devise de l'Empereur, qui estoient deux « colomnes d'Hercule, entrelassees de ces deux mots : Plus oultre. Les gens « de guerre avoient auparavant aiguisé leurs cousteaux pour la defense de « ceste ville de Mets. Le siege levé, les poetes et les gens doctes aiguiserent « leurs plumes pour l'illustration et exaltation des tenans, entre lesquels le « seigneur de Ronsard a emporté l'honneur. »

C'est aussi à Ronsard qu'on doit la harangue du très-illustre et magnanime prince François duc de Guise aux soldats de Metz le jour de l'assault (Œuvres complètes, 1623, fol., t. II, p. 1180, col. 1, v. 5), dans laquelle le poéte fait allusion à la devise de Charles-Quint par ces deux vers :

« Les nouveaux murs François d'une foible cité
« Où le destin avoit son OVTRE limité.

Enfin le rapprochement de la devise de Charles-Quint *Plus ultra*, et du nom de Metz *Metae* se trouve dans une médaille satyrique qui avait pour légende *Non ultra Metas* (Cf. le P. Daniel, Histoire de France, 1720, in-4°, t. V, p. 496).

[2] Vincent Carloix, Mém. du maréchal de Vieilleville, t. II, p. 458.

ville, reniant Dieu, accusant les hommes et prêt à dire adieu au monde, Charles-Quint se décida à ordonner la retraite. Le 25 décembre, il avait écrit à son fils une lettre fort étudiée, dans laquelle il n'avouait nullement l'importance de son désastre et insistait sur la nécessité d'aller secourir, contre le duc de Vendôme, la place d'Hesdin[1], dont il ignorait la capitulation récente. Enfin, le 1er janvier 1553, il partit pour Bruxelles. Les Brabançons du camp de Grimont gagnèrent directement le Luxembourg; l'armée du duc d'Albe, quoique démoralisée par la défaite et décimée par les souffrances d'un campement en mauvaise saison, se reforma tant bien que mal à Moulins (pl. II, l. Z), passa sur la rive gauche de la Moselle et s'achemina lentement vers Thionville. Les bandes du margrave Albert, qui occupaient le ban Saint-Martin sur la rive gauche de la Moselle (pl. II, l. T), protégèrent la retraite et se dirigèrent sur Trèves, le 9 janvier, harcelées par la cavalerie de la place, qui leur fit essuyer des pertes considérables.

L'ennemi parti, la noblesse française quitta Metz, où elle laissait plus d'un mort, et le duc de Guise se rendit à la Cour, où l'attendait l'accueil dû au général qui, avec de vieilles murailles, de mauvais canons, et cinq ou six mille hommes, venait d'arrêter la plus grande armée qui eût été mise en ligne depuis le commencement du siècle[2].

Le Roi, pour consacrer sa reconnaissance et celle de l'armée, fit frapper une médaille sans type, sorte de diplôme, qui rappelle la gloire de François de Lorraine, et lui souhaite, pour récompense de ses hauts faits, le trône

[1] Documents espagnols, p. 143.

[2] Il faut lire la belle page dans laquelle Brantôme (édition Lalanne, t. IV, p. 189), apprécie le duc de Guise et les difficultés de la défense de Metz.

de Naples et de Jérusalem, qu'avaient autrefois occupé ses aïeux (planche IV). Deux autres médailles commémoratives, moins personnelles au duc de Guise, et montrant au droit la tête du Roi, glorifient également la belle défense de Metz (planches V et VI). D'après un manuscrit du célèbre graveur messin Sébastien Leclerc, une autre médaille, au buste de Henri II, aurait été frappée après la levée du siége. Cette médaille semble n'être qu'une tentative ou un projet de restitution (planche VII).

Une dernière médaille (planche VIII) rappelle encore la délivrance de Metz ; mais, comme elle mentionne en même temps divers événements survenus en Italie et la reprise d'Hesdin, principal fait d'armes de la guerre de Picardie en 1552, je vais faire succinctement connaître les divers événements dont cette médaille consacre le souvenir.

La guerre de siéges qui fut soutenue par-delà les monts, de 1551 à 1553, n'ayant qu'un rapport assez lointain avec les grandes expéditions conduites, vers le même temps, dans les pays limitrophes de la France, à l'est et au nord, fera le sujet d'un second article. Je terminerai le premier article par le récit de la campagne de Picardie. Si j'ai déjà dit quelques mots de cette campagne, c'était uniquement pour faire comprendre comment elle modifia les plans du Roi lorsqu'il fut en présence de Charles-Quint ; mais elle est importante en elle-même et mérite un récit spécial. On n'a toutefois que peu de détails sur les opérations qui la signalèrent, car, ni les secrétaires du lieutenant général en Picardie, ni les officiers de son entourage n'ont laissé de mémoires.

Au moment où éclata la guerre, Charles-Quint était maître de la Flandre et d'une grande partie de l'Artois, et disposait de Cambrai et des châteaux voisins, appartenant à un évêque qui lui était dévoué; il pouvait donc masser facilement toutes les forces des Pays-Bas à quelques marches de Paris. La Picardie, formant alors l'extrême frontière, avait une très-grande importance et possédait quelques bonnes places, sur lesquelles on comptait pour arrêter la marche de l'ennemi. D'un autre côté, Henri II, par le rachat de Boulogne, se trouvait entièrement maître de la langue de terre qui séparait l'Artois de l'Océan; il avait là, outre Boulogne, la place de Montreuil, dans laquelle il entretenait une bonne garnison. De plus, il possédait en Artois même, sans compter quelques petits châteaux, Thérouanne et Hesdin. Cette dernière place, située sur la Canche, se reliant avec Montreuil et le Boulonnais, permettait de faire sur l'Artois, par le sud-ouest, une attaque combinée; beaucoup moins étendue que Metz, elle n'en était pas moins considérée comme très-importante, ainsi que le constate la lettre de Charles-Quint que j'ai citée plus haut[1].

Les forces dont disposait dans les Pays-Bas la sœur de Charles-Quint, la Reine Marie, étaient placées sous les ordres d'Adrien de Croy, comte de Rœux, dont la haine pour la France était en quelque sorte proverbiale[2]. C'était pour le lieutenant général du Roi en Picardie un adversaire redoutable. Le duc de Vendôme cependant, lorsqu'il se trouva, après la dislocation de l'armée française à Estrée-au-Pont, le 26 juillet 1552, à la tête de forces quelque peu nombreuses, fit exécuter des expéditions heureuses, si l'on en juge par deux récits conservés dans les mémoires-journaux du duc de Guise. Dès le 28 juillet, comme on avait appris par

[1] Page 75.
[2] Brantôme, Vies des capitaines illustres, éd. Lalanne, t. I, p. 219.

des espions que le comte de Beaurain, fils du comte de Rœux, se préparait, avec cinq compagnies de gens d'armes et huit enseignes de gens de pied, à enlever un convoi de ravitaillement destiné à Thérouanne, Villebon, qui était à Montreuil, prit avec lui, outre sa compagnie de gens d'armes, celles du Dauphin, du sieur de Créquy et du sieur de la Meilleraye, avec seulement quatre enseignes de vieilles bandes, s'approcha de Thérouanne et, s'embusquant la nuit près de la route que devaient suivre les ennemis, leur infligea une telle défaite, qu'ils laissèrent sur le terrain un grand nombre de morts et abandonnèrent aux Français 1400 prisonniers qu'on amena à Montreuil et plusieurs enseignes d'infanterie et cornettes de cavalerie [1] qui furent portées à Folembray, où était encore le Roi.

L'autre affaire eut lieu vers la fin d'août. Le duc d'Aumale, colonel général de la cavalerie légère, qui d'Estrée-au-Pont avait accompagné le Roi au château de Folembray, était arrivé à son tour en Picardie. Le 29 août, il écrivait à son frère le duc de Guise [2], alors à Metz, qu'on venait de prendre d'assaut le château de Contes, situé aux lisières de l'Artois, sur la rive droite de la Canche, tout près d'Hesdin. Ambroise Paré, qui était alors attaché au duc de Vendôme, donne sur ce siége des détails intéressants. La place était défendue par des Impériaux et des paysans et protégée par des fossés pleins d'eau que les assiégeants comblèrent avec des fascines et des tonneaux. La brèche fut faite au moyen d'une batterie de cinq canons, et les Français montèrent à l'assaut pendant que les défenseurs mettaient le feu à leurs poudres et se faisaient sauter. Après ce succès, le lieu-

[1] Mémoires-journaux du duc de Guise, éd. Michaud, p. 71.
[2] Mémoires-journaux du duc de Guise, éd. cit., p. 79.

tenant général pour le Roi se décida à marcher contre le comte de Rœux, qui était campé aux environs de Saint-Omer et dont il avait fait reconnaître la position par le colonel général de la cavalerie légère. Il ne semble pas avoir joint l'armée des Pays-Bas, mais il saccagea plusieurs villages d'Artois, dont les granges bien remplies pouvaient servir de ressources à l'ennemi. Ambroise Paré ajoute qu'une partie de l'armée française s'avançant jusqu'à trois lieues nord-nord-ouest de Saint-Omer, attaqua et détruisit par la mine le château de Tournehem [1].

Cependant ces premiers succès et les mouvements qui devaient les compléter furent arrêtés tout à coup ; car, lorsque le Roi eut résolu la formation d'un camp d'observation à Saint-Mihiel, il rappela une grande partie des forces de Picardie et avec elles le duc d'Aumale et Gaspard de Coligny. Le duc de Vendôme, mis dès lors dans l'impossibilité de tenir la campagne, se borna à défendre quelques places. C'était faire une belle part au comte de Rœux, qui commença son mouvement offensif. Vers le 10 octobre, l'armée des Pays-Bas quitta les positions qu'elle occupait sur l'Escaut, entre Cambrai et Crèvecœur, et pénétra en Picardie. Elle s'élevait, d'après des renseignements parvenus au Roi [2], à 14000 hommes de pied et à 3 ou 4000 chevaux [3]. On espérait qu'elle serait arrêtée, sur la Somme, par les places de Ham et de Saint-Quentin et plus loin, sur l'Oise, par

[1] Voyage de Chasteau-le-Comte, Œuvres complètes d'Ambroise Paré, p. 1205.

[2] Mémoires-journaux du duc de Guise, éd. cit., p. 101.

[3] Une note datée de Thionville, le 22 octobre, et conservée aux archives de Simancas (Documents espagnols, p. 121), porte à 30000 hommes de pied, 6000 cavaliers de Flandre et 40 pièces d'artillerie l'armée avec laquelle le comte de Rœux avait, quelques jours auparavant, envahi la Picardie. Ce document, parlant d'après des récits de marchands de la prise de La Fère, ne paraît pas mériter toute confiance.

celles de Guise et de La Fère, qui étaient bien pourvues de vivres et de munitions [1]. Cette dernière, la plus importante, faisait partie de l'apanage du duc de Vendôme. Dans le cas où l'ennemi pousserait plus loin, on lui avait opposé une barrière qu'on considérait alors comme plus difficile à franchir que toute autre, le vide. Le comte de Rœux s'avança brûlant et ravageant tout sur son passage et sans qu'aucune force pût lui être opposée. Il détruisit, suivant les documents espagnols, 5000 bourgs, hameaux et fermes [2], mais renonça à assiéger La Fère, qui était bien défendue et où se trouvait l'amiral d'Annebault [3]. M. de Rœux, dit une pièce sans signature [4], « aurait pris La Fère, si M. de Vendôme, auquel cette ville appartient, ne s'y était pas renfermé avec son armée, laissant ainsi les terres du Roi sans défense. » De son côté, Jean Zapata, dans une lettre du 29 octobre à l'Infant don Philippe, après avoir fixé à huit enseignes allemandes les forces mises dans La Fère, ajoute que la conduite du duc de Vendôme a été prise en fort mauvaise part à la Cour de France. Cette accusation n'est pas fondée : le Roi et le Connétable savaient, leur correspondance en fait foi, que la Picardie serait mise à feu et à sang et ils en avaient fait le sacrifice ; mais, au point de vue militaire, ils considéraient que, si La Fère résistait, l'ennemi n'irait pas plus loin.

Le comte de Rœux, n'ayant plus de vivres, se décida à battre en retraite [5] ; mais il ne se dirigea pas au nord vers

[1] Mémoires-journaux du duc de Guise, éd. cit., p. 109.

[2] Documents espagnols, p. 126. Ce chiffre effrayant est peut-être exagéré. François de Rabutin, après avoir cité les villes, ne parle (Commentaires, éd. cit., p. 439) que de sept à huit cents villages.

[3] Lettre du duc de Guise au Roi, en date du 17 octobre, Mémoires-journaux, éd. cit., p. 110.

[4] Documents espagnols, p. 126.

[5] Documents espagnols, p. 123.

Cambrai, son point de départ; il prit plus à l'ouest pour traverser un pays moins ravagé. Parmi les villes ruinées dans cette campagne, les documents espagnols citent Fonsomme, première étape de l'ennemi près de Saint-Quentin, puis, plus bas dans la vallée de l'Oise, Chauny et Noyon; ensuite entre l'Oise et l'Aisne, le château de Guny, qui touchait presque à Coucy, et Folembray, la résidence royale bâtie par François Ier et où Henri II s'était arrêté naguère en revenant du Hainaut; enfin Roye et Nesle, qui ne furent saccagées que dans le mouvement de retraite [1]. En somme, la campagne du comte de Rœux était une campagne à la manière des Vandales, mais elle n'eut pas de grands résultats militaires. Que l'armée des Pays-Bas ait été arrêtée vers l'Aisne, en deçà du pays dont on avait enlevé les vivres, ou qu'elle ait poussé, comme l'affirment les Espagnols, jusqu'à seize petites lieues de Paris [2], il n'en est pas moins vrai que les principales places fortes, telles que Ham, Saint-Quentin, Guise, La Fère et Coucy, n'avaient point été prises ni peut-être attaquées. La perte qui fut le plus sensible à la France fut celle de Noyon, chef-lieu d'un évêché et place importante, qui paraissait devoir mieux résister [3].

Le comte de Rœux arriva, le 22 octobre, sur les frontières de la Picardie; mais, pour ne pas fouler le sol de l'Artois, il s'établit sur la rive gauche de l'Authie et attendit les renforts qu'on lui annonçait.

Après avoir reçu ces renforts destinés à une seconde

1 Mémoires-journaux du duc de Guise, éd. cit., p. 111.

2 Documents espagnols, p. 125. — Une lettre du Connétable dit : « Les ennemys ayant passé devant La Fère qu'ils ont senty trop bien pourvue pour s'y attacher ont donné jusqu'à Janvrey qu'ils ont pris et brûlé. » Mémoires-journaux du duc de Guise, éd. cit., p. 110.

3 Lettre du Connétable, Mémoires-journaux du duc de Guise, éd. cit., p. 111.

expédition, le comte de Rœux eut avec lui 6000 cavaliers, 62 compagnies de bonnes troupes, dont 42 d'Allemands et 20 de Wallons ou Bas-Allemands, et 30 pièces d'artillerie de campagne. La Reine Marie lui envoya en outre, comme renfort, 30 pièces de batterie venant d'Arras, 80 gendarmes et 8 nouvelles compagnies de Wallons [1]. Cette armée allait être employée à des opérations, qui moins ruineuses pour la France que les ravages en Picardie, étaient cependant appelées à avoir, au point de vue militaire, des conséquences plus graves. C'est contre Hesdin que le comte de Rœux devait marcher ; il n'en était pas très-éloigné, puisque l'Authie, sur les bords de laquelle il avait établi son camp, n'est séparée que par une distance de quatre lieues tout au plus de la Canche, qui baigne Hesdin. La garnison française enfermée dans la place, sous les ordres de M. de Rancé, se composait de 1200 hommes de pied et de la compagnie de M. de la Meilleraie. La ville était pourvue de toutes choses [2], mais elle n'était pas assez forte pour soutenir un assaut et fut prise sans grande résistance. Le château fut assiégé ensuite « du costé du parc, où une grosse tour qui defendoit les flancs de cette part, fort cassée et les defenses abbatues et fracassées trouverent façon de sapper et trancher par le pied un grand pan de muraille, et à coups de canon rompre les quarres et esperons tant de cette grosse tour que de la muraille. Par quoy le tout fondit et fut renversé dedans le fossé, qui le remplissoit et faisoit pont fort aisé pour aller à l'assault, estant demeuré le rempart entierement devestu et empiré, on n'avoit gabions ne cavaliers pour le couvrir et

[1] Rapport de Jean Zapata à l'Infant don Philippe, documents espagnols, p. 123.

[2] Lettre du Connétable, mémoires-journaux du duc de Guise, éd. cit., p. 124.

defendre; toutefois que l'on disoit le rempart estre de sept à huict pieds de hauteur [1]. » La garnison, effrayée par cette chute à pic de la muraille, capitula tout au commencement de novembre, « vies et bagues sauves ». Dans la suite, Rancé, qui jusque-là avait eu fort bonne réputation, subit une condamnation pour avoir rendu, sans attendre l'assaut, la place qu'il commandait.

La prise d'Hesdin donnait aux succès du comte de Rœux trop d'importance pour qu'on ne tentât pas de les arrêter. Le Roi vint de Reims à Châlons avec le Connétable, et y manda le duc de Nevers, Châtillon et les principaux chefs de son armée. On décida dans ce conseil qu'il fallait reprendre Hesdin et rendre à la Picardie les forces qui en avaient été détournées. Depuis que l'attitude de Charles-Quint autour de Metz laissait juger qu'il ne pourrait détacher de l'armée d'investissement les troupes que l'on avait craint de voir marcher contre Verdun, Toul, Nancy, et même entrer en Champagne par un des passages de l'Argonne, le camp de Saint-Mihiel, si bien placé en vue de ces diverses éventualités, n'avait plus la même importance; il fut donc presque entièrement évacué. Le gros de l'armée, qui s'y trouvait, s'achemina vers la Picardie sous le commandement de Châtillon, qui venait d'être élevé « en l'estat d'amiral » pour remplacer d'Annebault, mort de maladie dans la place de La Fère. Le Roi avait eu un moment l'intention de partir pour la Picardie, mais il y renonça et, après avoir passé quelques jours à Reims, il se rendit à Compiègne où il se trouvait mieux à portée de la province qui le préoccupait le plus en ce moment.

[1] Rabutin, Commentaires, édit. citée, p. 439.

A l'approche de l'armée, qui arrivait sous le commandement du duc de Vendôme, renforcée de troupes prises au corps d'observation du Connétable, en Lorraine, le comte de Rœux, qui était encore à l'entour d'Hesdin avec l'armée des Pays-Bas, se retira, laissant son fils pour défendre la place. Les précédentes brèches avaient été bouchées et des travaux de défense rapidement exécutés. Les troupes royales, dès leur arrivée, firent les approches suivant les règles et deux batteries furent asssises, la première à l'endroit même où l'armée des Pays-Bas, un mois et demi auparavant avait dressé la sienne; la seconde sur le penchant d'une colline[1] du côté de Thérouanne. La canonnade commença furieusement le 17 décembre; après 4066 coups de canon, la brèche n'était pas faite et le rempart avait encore de 18 à 20 pieds de hauteur; contre toute attente la garnison capitula; elle obtint de se retirer « à composition telle qu'ils sortiroient leurs vies et bagues sauves, leurs enseignes ployées, avec deux moyennes pièces d'artillerie à leur queuë, sans ne noster ne transporter autre chose de ce qu'avaient rouvé là dedans. »[2]. Le fils du comte de Rœux n'osa de longtemps se représenter devant son père.

L'armée française rentrait dans Hesdin, le 19 décembre, au moment même où Charles-Quint devant Metz se voyait contraint d'ordonner la retraite.

Octobre 1873.

[1] Voir le plan d'Hesdin qu'a donné M. Danvin (Vicissitude heur et malheu du Vieil-Hesdin; Saint-Pol, 1866, in-8°, p. 336). Voir aussi aux archives du Nord, un « pourtraict » des opérations faites par l'armée française, en décembrer 1552, devant Hesdin; cette gravure donne la configuration générale de la ville et du château, l'assiette du camp du duc de Vendôme, les positions des Allemands et des Suisses à la solde du Roi.

[2] Fr. de Rabutin, Commentaires, éd. cit., p. 442.

Planche I

MÉDAILLE RAPPELANT LE ROLE POLITIQUE DE LA FRANCE AU COMMENCEMENT DE 1552.

N° 1. HENRICVS · II · REX · CHRISTIANISSIMVS

Le Roi, en buste à droite, lauré, décoré de son ordre, est revêtu d'une armure chargée d'arabesques.

R/. VINDEX · ITALICÆ · ET · GERMANICÆ · LIBERTATIS · 1552.

Dans le champ, un chapeau entre deux épées est surmonté du mot LIBERTAS.

En copiant la monnaie de la famille Iunia, l'artiste a modifié, selon le goût du XVIe siècle, le pileus et les deux glaives du prototype.

Une autre médaille du même type, mais seulement du module de 18 lignes, se trouve gravée dans l'ouvrage de Van Mieris (Histori der nederlandsch Vorsten, Graavenhaage, 1735, in-fol., t. III, p. 284), d'après Luckius (Sylloge numismatum elegantiorum, Argentinæ, 1620, in-fol., p. 144). Voici la description de cette médaille : HENRICVS · II · GALLIARVM · REX · INVICTISSIMVS · PP. Le Roi en buste à gauche, lauré et armé.

R/. VINDEX LIBERTATIS GERMANIÆ, un chapeau entre deux poignards et surmonté du mot LIBERTAS.

Planche II

PLAN DES ATTAQUES ET DE LA DÉFENSE DE METZ
D'APRÈS L'ORIGINAL DE 1553.

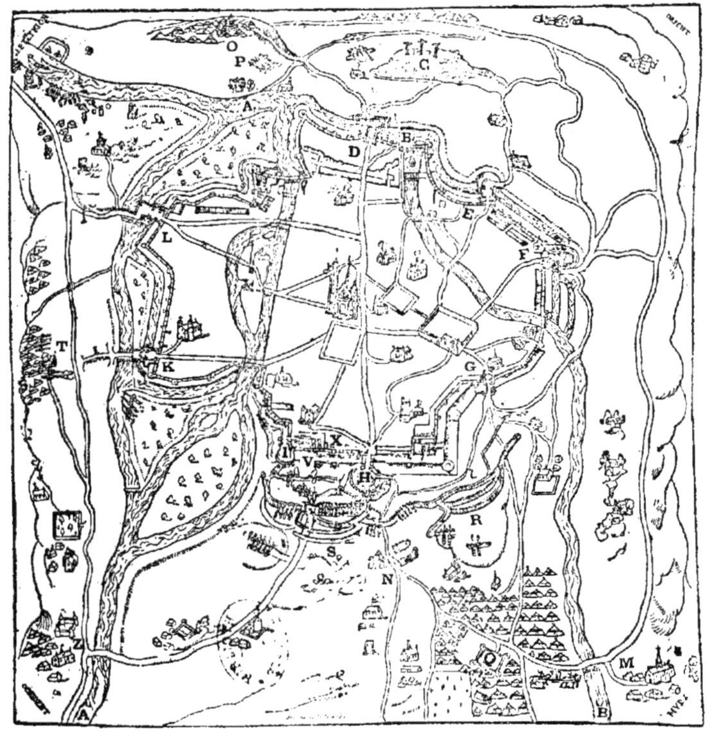

A Moselle. — **B** Seille. — **C** Colline de Belle-Croix. — **D** Porte Sainte-Barbe. — **E** Porte des Allemands. — **F** Porte Mazelle. — **G** Porte Saint-Thiébaut. — **H** Porte Champenèze avec son château en avant. — **I** Tour d'Enfer; en arrière, deux plates-formes pour artillerie; en avant une brèche. — **K** Porte aux Mores; en avant, le pont sur la Moselle, en tête duquel la garnison vint escarmoucher avec le margrave Albert de Brandebourg. — **L** Porte et ravelin de Pontiffroy. — **M** Village de Magny et pont sur lequel les Impériaux passèrent la Seille lorsqu'ils changèrent de point d'attaque. — **N** L'abbaye de Saint-Arnould et son bourg; au milieu, le chemin traversant la plaine du Sablon et rejoignant la porte Champenèze. — **O** Camp de la reine Marie. — **P** Batteries dirigées contre le front nord-est. — **Q** Château de la Horgne, servant de logis à l'Empereur; à droite et en avant, le camp des Espagnols et des Italiens; à gauche celui des Allemands. — **R** Développement des premières tranchées, avec batteries en arrière; à gauche, les cavaliers de tranchée établis de chaque côté du chemin qui va de l'abbaye de Saint-Arnould à la porte Champenèze. — **S** Tranchées et travaux exécutés après l'arrivée de l'Empereur; à gauche et en avant les gabionnades et les cavaliers armés de canons; la tranchée la plus voisine du fossé laisse voir le dernier cavalier élevé contre la tour d'Enfer. — **T** Camp et batteries du margrave Albert. — **V** Tours des Ligniers et des Vassieux ruinées et brèche de la courtine. — **X** Ordre pour défendre la brèche. — **Z** Village de Moulins et pont sur la Moselle par lequel les Impériaux battirent en retraite sur Thionville.

Planche III

MÉDAILLE COMMÉMORATIVE DE LA DÉFENSE DE METZ (1552).

I

FRANCISCVS DVX GVISIVS — 1552·HÆC·TIBI·META·

Le duc de Guise se montre en buste, la tête nue, les cheveux courts et la barbe pointue; il est revêtu d'une armure de combat, sans ornement.—Au revers, au premier plan, dans la campagne, une armée en désordre; plus loin la cité de Metz vue à vol d'oiseau; d'un côté la tour d'Enfer et les tours voisines; de l'autre la porte Champenèze, la porte Saint-Thiébaut et la porte Mazelle, auprès de laquelle une sorte de ruban trace le cours de la Seille. A l'horizon, la Belle-Croix. Entre la tour d'Enfer et la tour voisine, François de Lorraine, debout, armé de toutes pièces, défie l'ennemi et semble lancer à Charles-Quint l'apostrophe que reproduit la légende. Cette légende HÆC·TIBI·META· renferme un jeu de mots selon le goût du temps; au XVIe siècle, le nom latin de Metz, *Mettis*, se changeait quelquefois en *Metæ* (Dom Cajot, Antiq. de Metz, p. 42).

Planche IV

MÉDAILLE COMMÉMORATIVE DE LA DÉFENSE DE METZ (1552).

II

FRANCISCO A LOTHOR[INGIA] DVCI GVISIAE PARI
FRAN[CIAE] DECR[ETO] EXERCIT VS]
OB SERV[ATOS] METIM ET FRAN[CIAE] PROCERES
CAROLO V IMP[ERATORE] ET GERM[ANIS]
OBSID[ENTIBVS] 1552.

℟. MARS DEDIT GRAMINEAM PERGE REDDET
REGIAS HIEROSOL[YMAE] ET SICIL[IAE]
TVORVM PROAVORVM ORNAMENTA
H[ENRICI] II F[RANCORVM]
R[EGIS] IVSSV.

Cette médaille, fort rare et dont le coin n'existe plus, est intéressante par les nombreux emprunts qu'elle fait à l'antiquité. La couronne obsidionale se composait, chez les Romains, de gazon et de fleurs sauvages ; tressée sur le lieu même de la victoire, elle était décernée par l'armée assiégée au général qui avait repoussé l'ennemi.

L'allusion au trône de Jérusalem et de Sicile s'explique par les prétentions que l'on prêtait aux princes lorrains, descendant d'Yolande, fille du roi René. Si l'on en croit l'inscription de notre médaille, la Cour, en 1552, aurait souhaité franchement la problématique restauration de la maison d'Anjou. Le vainqueur des Impériaux jetait en effet sur sa famille une gloire pure et incontestée, qui n'avait pas encore subi les funestes atteintes de la guerre civile. Un siècle plus tard les dispositions de la Cour étaient changées et Mazarin ne fit rien de sérieux pour soutenir l'aventureux petit-fils de François de Guise, qui, ayant traversé dans une barque de pêcheur la croisière espagnole, se jeta seul sur la plage napolitaine aux cris enthousiastes d'un peuple immense, et se fit duc de la république que venait d'improviser Masaniello.

MÉDAILLE COMMÉMORATIVE DE LA DÉFENSE DE METZ (1552).

III

HENRICO II FRANC[ORVM] R[EGI] CHRISTIANIS[SIMO] OPT[IMO] PRINCIPI

Le Roi, de profil, en buste, la couronne fermée en tête, est revêtu d'une cuirasse chargée d'ornements. Type rappelant celui du teston de 1549.

R/. MET[TE] LIBER[ATA] OBSID[IONE] CAR[OLO] V IMP[ERATORE] ET GERM[ANIS] OPPVG[NANTIBVS] FRANC[ISCO] A LOTHOR[INGIA] DVCE GVIS[IAE] FOELICIS[SIME] PROPVG[NANTE].

A l'exergue la date du siége, 1552, et l'écu de Metz.

Cette médaille est fort rare; la gravure que j'en donne a été faite d'après un exemplaire passé de l'ancienne collection Norblin dans la mienne.

MÉDAILLE COMMÉMORATIVE DE LA DÉFENSE DE METZ (1552).

IV

HENRICO II FRANC[ORVM] R[EGI] CHRISTIANISS[IMO]
OPTIMO PRINCIPI

Le Roi, de profil, en buste, la couronne fermée en tête, est revêtu d'une cuirasse chargée d'ornements.

℟. MEDIOM[ATRICIS] LIBER[TATIS] OBSID[IONE] CAR[OLO] V IMP[ERATORE] ET GERMAN[IS] OPPV-G[NANTIBVS] FRANCIS[CO] A LOTHOR[INGIA] DVCE GVIS[IAE] FOELICISS[IME] PROPVG[NANTE].

A l'exergue, la date du siége, 1552, et l'écu de Metz.

Le dessin est pris sur un exemplaire du Cabinet de France.

MÉDAILLE COMMÉMORATIVE DE LA DÉFENSE DE METZ (1552). — ESSAI DE RESTITUTION

V

Aux souvenirs métalliques de la défense de Metz, M. Chabert (Mém. de l'Acad. de Metz, 1858, t. XXXIX, p. 515), a cru pouvoir joindre cette composition, qui n'est connue que par un dessin de Sébastien Leclerc.

Le millésime du droit qui se retrouve au revers prouve que la médaille, si elle a existé, n'était pas du temps. Cette composition n'est, selon toute apparence, qu'une tentative de restitution ou une fantaisie du célèbre artiste messin, qui, en datant de 1553 la levée du siége, a fait une application rétroactive du comput moderne, adopté seulement en 1564 par Charles IX, pour les actes officiels. Sous Henri II, l'année commençait à Pâques et le mois de janvier qui vit la retraite des Impériaux appartenait encore à l'année 1552. Ce dernier millésime se lit exclusivement sur les médailles authentiques.

Ce dessin n'est pas la seule chose que Sébastien Leclerc ait faite à propos du siége de 1552. Il a gravé un plan des travaux d'attaque et de défense, pour la deuxième édition de Bertrand de Salignac, publiée en 1665 par l'imprimeur Collignon. (Voir l'édition de Salignac donnée par M. Chabert, Metz, Rousseau-Pallez, 1856, in-4.)

Planche VIII

MÉDAILLE COMMÉMORATIVE DES ÉVÉNEMENTS MILITAIRES ACCOMPLIS EN FRANCE ET EN ITALIE DE 1551 A 1553.

HENRICVS · II · GALLIARVM REX INVICTISS[IMVS] · P[ATER] P[ATRIAE] ·

Le Roi, en buste lauré, à droite, l'ordre de Saint-Michel au cou, porte une armure ornée d'arabesques.

RESTITVTA REP[VBLICA] · SENENSI · LIBERATIS OBSID[IO] · MEDIOMAT[RICIS] · PARMA MIRAND[OLA] · SANDAMI[ANO] ET RECEPTO HEDINIO ORBIS CONSENSV 1552

L'inscription du revers ne suit pas l'ordre chronologique des événements. La garnison espagnole avait évacué la citadelle de Sienne, le 2 août 1552. Charles-Quint ne leva le siége de Metz qu'au commencement de 1553 (n. st.), Parme et la Mirandole qui viennent ensuite avaient échappé à l'effort combiné du Pape et de l'Empereur, l'une le 27 avril 1552, l'autre le 13 mai; enfin Saint-Damien qui ne fut débloqué qu'à la fin de janvier 1553 (n. st.), précède dans la nomenclature Hesdin, qui avait été repris par le duc de Vendôme, le 19 décembre 1552.

Cette médaille, frappée au millésime de 1552, date, selon le nouveau style, de 1553 avant Pâques qui, cette année, tombait le 2 avril. Le comput paschal fut usité dans les actes officiels jusqu'en 1564.

SANDAMI a été traduit dubitativement dans le trésor de numismatique et de glyptique par Chimay, nom d'une petite ville qui fut brûlée par l'armée française lorsqu'elle eut pénétré dans le Hainaut. Cette confusion est d'autant plus inexplicable que SANDAMI[ANO] était cité après les villes italiennes, Parma et Mirandola.

MONNAIES

DE

LORRAINE ET DES TROIS ÉVÊCHÉS

I

ROBERT DUC DE BAR

Robert succéda, en 1352, sous la régence de sa mère Yolande de Flandre, à son frère Edouard. L'an 1354, l'empereur d'Allemagne érigea en marquisat la seigneurie de Pont-à-Mousson, et, l'année suivante, le roi de France donna au comte de Bar le titre de duc. Robert épousa, en 1364, Marie de France, fille de Jean. En 1377, il s'empara sur Gobert d'Apremont de la châtellenie de Dun; ligué, en 1407, avec le duc d'Orléans contre le duc Charles de Lorraine, il fut défait à Champigneules, près Nancy. Il mourut en 1411, après un règne de cinquante neuf ans.

Les monnaies du duc Robert sont très-nombreuses et très-variées; elles forment à elles seules presque toute la collection du Barrois. M. de Saulcy leur a consacré plusieurs des planches de son ouvrage sur les monnaies des comtes et ducs de Bar [1]. M. Maxe Verly, qui prépare une monographie des monnaies frappées depuis l'antiquité dans le Barrois, a fait connaître de nouveaux spécimens du monnayage de Robert [2]; enfin, M. Dumont, dans une brochure relative à l'atelier de Saint-Mihiel, a encore augmenté la série monétaire du premier duc de Bar [3]. Cependant, les monnaies de ce prince, sauf des florins au type pur de Florence, ne se composaient, lorsque parut le dernier travail dont elles ont été l'objet, que d'espèces d'argent et de billon.

C'étaient les pièces où l'écu du comte se montre entouré de demi-cercles renfermant des bars et des croisettes; puis, à partir de 1355, les monnaies de la série ducale, qui présentent, comme types principaux, le heaume, le cavalier armé, un écu de Bar ou deux écus de Bar accolés dans un contour à quatre lobes, ou bien l'écu de Bar losangé; puis encore les nombreuses variétés de deniers de billon qui se caractérisent par le nom de la ville écrit au centre de la pièce en grandes lettres placées horizontalement. Viennent ensuite de curieuses monnaies de fédération, frappées en vertu d'un traité passé par Robert avec Jean duc de Lorraine [4]; elles portent un écu parti de Lor-

[1] Saulcy, Recherches sur les monnaies des comtes et ducs de Bar, 1843, in-4°.

[2] Revue numismatique, 1860, p. 132.

[3] Monnaies des comtes et ducs de Bar frappées à Saint-Mihiel, 34 pages avec 5 planches.

[4] Les monnaies d'association avaient commencé à courir à Bar sous l'administration du comte Henri, dont le nom se voit uni à celui de Jean l'Aveugle, comte de Luxembourg, sur diverses monnaies portant en légende MONETA SOCIORVM.

raine et de Bar, avec la légende : IOHANNES ET ROBERTVS DUX S[ocii]. On connaît aussi une importante série de gros d'argent et de pièces de billon calqués sur les types des monnaies de France appartenant au règne de Jean II et à celui de Charles V [1]. Enfin Robert a imité une monnaie d'argent que le Prince Noir fabriquait en Aquitaine et dont le cours était très-répandu [2].

Le florin au type de Florence était alors, comme je viens de le dire, la seule espèce d'or connue de ce riche monnayage [3]. L'obligeance de M. Serrure, de Gand, m'a permis de publier un écu d'or à la couronne [4] copié sur celui de France. Cette pièce, qui qualifie de marquis de Pont-à-Mousson et de duc de Bar un prince resté anonyme, ne peut appartenir qu'à Robert qui porta le premier ces titres ou à son successeur Edouard III (1411 à 1415) ; mais la longue durée du règne de Robert, la richesse de ses émissions et son habitude de copier les espèces royales, semblent lui donner plus qu'à son fils le droit de revendiquer cette belle monnaie d'or. Il est à remarquer, d'ailleurs, que si l'écu de France à la couronne n'a été contrefait en Brabant que sous Jean IV

[1] Cf. Saulcy, op. laud., p. 35, 36, 37. Voir aussi un blanc à la couronne, de la collection Reichel de Saint-Pétersbourg, que j'ai publié en 1861 dans la Revue numismatique, p. 325 et pl. XIV, fig. 19.

[2] Fillon, Etudes numismatiques, p. 84 et pl. IV, n° 7.

[3] Quelques numismatistes, ayant lu Duby, avaient réclamé pour Robert II, duc de Bourgogne (1272-1305), le florin donné par M. de Saulcy au duc de Bar ; mais le premier de ces princes vivait à une époque trop reculée pour avoir connu le type du florin ; d'autres maintenaient l'attribution soutenue, au dernier siècle, par Joachim et croyaient la pièce qui nous occupe frappée par Robert II, de Calabre, avant qu'il ait été appelé au trône de Naples par la mort de son père Charles II. M. Jules Laurent, conservateur du musée départemental des Vosges, a tranché définitivement la question en faisant connaître une variété de ce florin où le petit emblème, placé à la fin de la légende à côté de la tête du saint, se compose de deux bars adossés. (Rev. num., 1869, p. 239).

[4] Revue numismatique, 1861, p. 324 et pl. XIV, fig. 18.

(1417-1427), il a commencé à l'être en Hainaut sous Albert de Bavière (1389-1404), c'est-à-dire au temps même de Robert et à une époque où l'atelier de Saint-Mihiel avait une grande activité.

Je dois à M. Gariel de connaître une pièce d'or qui vient encore enrichir la numismatique du duc Robert.

DUX ⁑ BARRENS ×' Z ⁑ MAR. Le prince se montre à mi-corps sous une porte de donjon flanquée de deux tourelles crénelées ; il a la tête ceinte du chapel de roses si fréquent sur les esterlins ; de la main droite il tient une épée, de la gauche un sceptre.

℟. ✠ DEVS NOS · BE. Au centre la fleur de Florence.

Bon or ; poids : 3 gr. 45.

Ce spécimen est très-intéressant parce qu'il présente un trait d'union nouveau entre le florin pur de Florence et des monnaies d'or, qui, fréquemment employées sur les bords du Rhin et dans les Pays-Bas, y portaient encore le nom de florins, bien que les emblèmes du prototype eussent disparu au droit et au revers.

Un coup d'œil général sur l'imitation et la transformation du florin de Florence ne sera pas sans intérêt.

Le florin de Florence montrait d'un côté une fleur, emblème parlant, de l'autre, saint Jean-Baptiste, patron de la ville ; il a joui au XIVe siècle du plus grand crédit, ce qui l'a fait imiter dans toute l'Europe par les princes, les évêques et les cités[1]. Les copies ont d'abord reproduit et le droit et le revers du prototype ; puis l'imitation n'a plus porté que sur une seule face ; enfin, comme je viens de le dire, le nom de florin a été conservé à des pièces qui ne se rapprochent plus de la pièce d'or de Florence que par le module et le poids.

La copie servile du type du droit et du type du revers s'individualisait toutefois, soit par la substitution au nom de Florence d'un nom de pays ou d'un nom de prince, soit par l'introduction d'un nouveau différent monétaire à la suite de la légende du revers, ou même par l'impression dans le champ de divers signes emblématiques ou héraldiques. Les florins imités, sur leurs deux faces, du prototype florentin, ont été frappés, en France, sous le roi Jean, le 13 juin 1360 et sous Charles V avant le 2 juin 1365 [2]; ils se rencontrent, en Aragon, sous Pierre IV, Jean Ier, Martin, Ferdinand Ier et Alphonse V, de 1335 à 1458[3]; en Allemagne, sous l'empereur Louis IV de Bavière (1314-1347)[4], et dans un grand nombre d'ateliers seigneuriaux, épiscopaux ou municipaux de diverses contrées[5].

Après les copies fidèles ou contrefaçons des deux faces du

1 Le gros de saint Louis, à une époque plus ancienne, et l'esterling d'Angleterre, simples monnaies d'argent, s'étaient, il est vrai, répandus dans un grand nombre d'ateliers de France, des Pays-Bas et d'Allemagne, mais c'est surtout l'adoption d'un même type d'or, au XIVe siècle, qui décèle des transactions actives et le besoin d'un signe d'échange important.

2 Ces dates m'ont été communiquées par M. de Saulcy qui prépare l'histoire des monnaies de la troisième race.

3 Aloïs Heiss, Descripcion general de las monedas hispano-cristianas, t. II, Madrid, 1867, in-4°, pl. 72 et 73.

4 Cappe, Münzen d. deutschen Kaiser, t. I, p. 170, et pl. XII, n° 188.

5 En France, Jean Ier, évêque de Saint-Paul-Trois-Châteaux, 1349-1361, Gaucher Adhémar, seigneur de Montélimart, 1346 ; les dauphins viennois Guigues VIII, 1319-1333, Humbert II, 1333-1349, et Charles, avant d'être roi, 1349-1364; les ducs de Bourgogne Eudes, 1315-1350, et Philippe de Rouvre, 1350-1361 ; la comtesse de Provence Jeanne de Naples, 1343-1352, et avec elle le comte Louis, 1347-1382; les archevêques d'Arles Gaillard de Saumate,

florin, vient un grand nombre de monnaies sur lesquelles le type de saint Jean-Baptiste a été conservé, tandis que la fleur a disparu et a été remplacée par des armoiries; tels sont les florins de l'empereur Sigismond (1411 à 1437)[1], de plusieurs évêques des bords du Rhin et de divers princes[2]. Enfin le saint Jean-Baptiste disparait à son tour et se trouve remplacé sur la face opposée à celle des armoiries, par un personnage qui se tient debout sous une construction gothique, portant à la main ses insignes. Ces monnaies sont assez communes, surtout dans l'étendue de l'ancien royaume de Lorraine. On les rencontre encore au XVIIIe siècle

1317-1324, et Etienne de la Garde, 1351-1359; le pape Jean XXII, comte d'Avignon, 1316-1334; Raymond III, prince d'Orange, 1335-1340 (Poey d'Avant, pl. CII, n° 15, CV, 1, CVII, 13, CVIII, 2, 3, 18, 19, 20, 21, CXXXI, 18, CXXXII, 14, XC, 15, XCI, 2, XCIII, 2, 5, 21, XCVIII, 5). — Dans les Pays-Bas, Jean III de Brabant, 1312-1355; (Van der Chijs, De Munten der Hertogdommen Braband en Limburg, pl. VII, n° 1); Marguerite II, comtesse de Hainaut, 1345-1356; Albert de Bavière, comte de Hainaut, 1389-1404 (Renier Chalon, Recherches sur les monn. des comtes de Hainaut, pl. XI, n° 81 et suppl., pl. II, n° 16). — A Cambrai, Guy de Ventadour, 1342-1348, (V. ma Numismatique de Cambrai, p. 105).— A Mayence, l'archevêque Gerlach, 1346-1371 (Cappe, Beschr. d. Mainz. Münzen, pl. VII, n° 110 et p. 97). A Trêves les archevêques Bohemond, 1354-1362, et Conon, 1362-1388 (Bohl, Die trierischen Münzen, Coblenz, 1813, p. 43 et 48); en Savoie, Amédée VI, 1343-1383 (Joachim, t. I, pl. XXI, n° 1); dans la principauté d'Achaïe, Robert d'Anjou (Rev. num., 1866, p. 58); dans la Carniole, un comte anonyme de Goritz (Rev. de num. belge, t. V, 5e série, 1873, pl. I, n° 1), et dans d'autres pays.

[1] Cappe, Münz. d. deutsch. Kaiser, t. I, pl. XII, n° 197 et p. 176.

[2] A Trêves, l'archevêque Werner de Falkenstein, 1388-1418 (Bohl, Die trierischen Münzen, pl. III, n°s 7 et 11); à Mayence, les archevêques Conrad de Weinsberg, 1390-1396, et Jean II de Nassau, 1397-1419 (Cappe, Mainz. Münz., p. 113 et pl. III, n° 53; p. 121 et pl. III, n° 56); à Cologne, Frédéric III, 1370-1414 (Cappe, Beschreib. d. Cœlnischen Münzen, p. 216 et pl. XIV, n° 226); à Liége, l'évêque Jean VI de Bavière, 1390-1418 (De Renesse-Breidbach, Hist. numismat. de l'évêché et principauté de Liége, pl. IX, n° 1); sur le Rhin, le comte Palatin Rupert, 1390-1398 (Joachim, t. I., pl. I); à Turin, un prétendant à la principauté d'Achaïe (Promis, monete de reali di Savoia, suppl., pl. n° 1); en France, Jeanne de Naples, comtesse de Provence, 1343-1352, et Louis, comte de Provence, 1382-1384 (Poey d'Avant, pl. XC, n°s 13 et 14, pl. XCI, n° 14), Raymond IV, prince d'Orange, 1340-1393 (Rev. num., 1868, pl. XIX, fig. 32). On pourrait citer encore un grand nombre d'ateliers d'Europe, dont on a déjà retrouvé les produits au double type de saint Jean et de l'écusson.

sous le nom de florins dans les anciens tarifs de changeurs qui s'imprimaient en France et dans les pays voisins [1].

Mais, dans les transformations successives du florin, aucun spécimen n'avait montré jusqu'à ce jour, du moins à ma connaissance, la fleur de lis survivant à l'image de saint Jean-Baptiste [2] et occupant une des faces de la monnaie, tandis que l'autre face représente le personnage debout dont il vient d'être question. Notre monnaie a donc le mérite d'apporter un élément nouveau à la loi suivant laquelle s'est peu à peu transformé le prototype florentin.

La construction gothique, figurée au droit du florin de Bar, et qui consiste en une porte de donjon avec ses tours crénelées, diffère de la niche ogivale, à aiguilles fleuronnées, que présentent, notamment sur les bords du Rhin et dans les Pays-Bas, de nombreux florins ayant au revers les armoiries du personnage; mais elle se rapproche tout à fait des édifices gravés sur deux autres florins du dernier groupe qui ont au revers non la fleur de Florence, mais des armoiries. L'un de ces florins publié récemment par M. Renier Chalon, appartient à Guillaume II, comte de Berg et de Ravensberg (1360-1380) [3], et pèse également 3gm 45; l'autre à Florent, archevêque d'Utrecht (1379-1398) [4]. Une telle

[1] On trouve, par exemple, des florins au Saint-Jean et aux armoiries dans le Tarif imprimé chez Hierosme Verdussen, à Anvers, en 1633. On ne frappait plus à cette époque ni florins purs ni florins dégénérés conservant seulement le type de saint Jean; et bien que les anciennes monnaies circulassent longtemps, il est probable que les florins n'avaient plus cours au XVIIe siècle; il importait néanmoins au commerce de connaître leur valeur à la fonte.

[2] Je parle bien entendu ici des monnaies d'or, car, à Florence même, sur les pièces d'argent, la fleur de lis s'est montrée à une époque de beaucoup postérieure au temps de Robert de Bar; elle était passée des flans d'or aux flans d'argent.

[3] R. Chalon, Revue numismatique belge, t. V, 5e série, 1873, pl. III, nº 2.

[4] Van Mieris, Beschryving der Bisschoplyke Munten en Zegelen van Utrecht, 1752, pl. VII, nº 4.

ressemblance entre la porte figurée sur le florin anonyme de Bar et les portes sous lesquelles se montrent des princes qui ont vécu entre les années 1360 et 1398, milite encore en faveur de l'attribution de la nouvelle pièce au duc Robert, plutôt qu'à Édouard, son fils.

II

ÉVÊQUES DE METZ

M. de Saulcy a fait connaître, en 1832 et en 1835, dans ses Recherches sur les monnaies des évêques de Metz, non seulement les pièces qui existaient alors, mais celles qui avaient formé les belles collections du dernier siècle et dont les archives de Metz et les archives de Nancy possèdent les dessins, grâce aux patients efforts de Dupré de Geneste et de Mory d'Elvange. La numismatique messine avait donc un passé ; et lorsque M. de Saulcy lui eut apporté de nouveaux éléments elle se trouva plus avancée qu'aucune autre série française. Aussi n'a-t-on rencontré depuis cette époque que peu de types complétement inconnus. Les deux pièces suivantes ne sont elles-mêmes que des variétés.

THIERRI BAYER DE BOPPART (1365-1384)

Le 14 août 1376, Thierri Bayer de Boppart, ruiné par des guerres coûteuses, demanda à la cité de Metz quatre mille francs d'or, et, comme garantie de cet emprunt, céda pour dix ans au Maître Échevin, aux Treize, aux Paraiges et à toute la Communauté le droit de fabriquer à Metz la monnaie épiscopale ; mais s'il aliénait son principal atelier, il conservait en fait ceux qui existaient dans les châteaux de son domaine. Le type, le titre et le poids des espèces d'argent que le magistrat pouvait frapper était ainsi réglé dans l'acte de cession : « c'est assavoir un Eveque qui tignet une crosse an sa main;... la queille monnoie doit estre à douze deniers de loy, argent de Roy; et pucent faire, c'il lour plait, deniers de douze deniers pièce, et de seixante et onze sur lou mairc, vaillant la pièce douze deniers; et deniers de quaitre deniers pièce, et de deix sept solz et viiij deniers de taille sur lou mairc, vaillixant la pièce quaitre deniers; et deniers de dous deniers pièce et de trente cinq solz et seix deniers de taille sur lou mairc; et deniers de ung denier pièce et de seixante et onze sols de taille sur lou mairc [1]. » Sept ans après, le 23 septembre 1383, l'évêque Thierri, tout en maintenant à ses successeurs le droit de racheter l'atelier, autorisa la cité de Metz à faire telle monnaie qu'elle jugerait convenable.

Cette dernière cession était-elle bien volontaire? La puissance croissante de la cité permet d'en douter. Toujours est-il que le magistrat, maître de l'atelier de Metz, y commença un monnayage qui prit une grande extension.

En 1552, lorsque l'antique ville gallo-romaine fit retour à la France, l'évêque Robert de Lenoncourt, malgré les plus grands efforts, ne ressaisit qu'un instant l'atelier de Metz, et la fabrication municipale, prenant un nouveau développement, se prolongea jusqu'à l'année 1662, où un arrêt du Parlement la supprima au profit de la monnaie royale.

L'atelier de Metz, aux mains du magistrat, émit de 1376 à 1383 un grand nombre de monnaies de type épiscopal, si l'on en juge par les importantes trouvailles qui se sont faites des gros suivants :

[1] Les Bénédictins, Histoire de Metz, Preuves, t. IV, p. 106.

THEODC ȯ EPS ȯ METE ȯ entre deux grènetis ; dans le champ, l'évêque debout, la mitre en tête, tenant une crosse de la main gauche et bénissant de la droite.

℟, ✠ BNDICTV ȯ SIT ȯ NOME ȯ DNI ȯ NRI ȯ IHV ȯ XPI ȯ et, en dedans GRO SVS ME TES ; trois cercles perlés enveloppent et séparent ces deux légendes. Une croix à branches minces et pattées coupe en quatre la seconde légende et le plus petit des cercles perlés.

Avant et sans doute pendant cette abondante fabrication de gros par la cité, Thierri de Boppart exploita l'atelier seigneurial de Marsal. Les pièces qu'il y émit sont du reste fort rares. Le type de celles connues jusqu'à ce jour était exclusivement héraldique. Voici un gros, frappé également à Marsal, et qui, au lieu de l'empreinte des armes propres aux Bayer de Boppart, présente identiquement le type du gros de Metz, soit qu'il ait été copié sur celui-ci, soit qu'il ait au contraire servi de prototype.

THEODC ȯ EPS ȯ METE ȯ entre deux grènetis ; au centre, l'évêque debout, crossé, mitré et bénissant de la main droite.

℟. ✠ BNDICTV ȯ SIT ȯ NOME ȯ DNI ȯ NRI ȯ IHV ȯ XPI ȯ et, en dedans MONETA 8 D'EM ARS' ; trois cercles perlés, croix à branches minces et pattées.

Cette pièce, unique jusqu'à ce jour, faisait partie d'un dépôt considérable trouvé en 1862 sur la Moselle, et composé tant de gros messins de Thierri que de gros municipaux frappés après 1383. Elle pèse 3 gr. 32, comme les gros de Thierri frappés à Metz, et fait partie de ma collection.

RAOUL DE COUCY (1388-1415).

Raoul et ses premiers successeurs, privés de l'atelier de Metz, frappèrent, comme Thierri, de rares monnaies à Marsal, dont voici une variété inédite :

RADVLP' EPS ó MET' entre deux grènetis ; dans le champ, l'écu de famille chargé d'une crosse.

℟. ✠ MONETA · MARSAL entre deux grènetis ; au centre une croix à branches égales et pattées.

Cette pièce, dont l'empreinte m'a été communiquée il y a un grand nombre d'années, sans indication de poids, paraît être un tiers de gros.

III

CITÉ DE METZ

Le monnayage ouvert, après 1383, par la cité de Metz comprit des pièces d'or et des pièces d'argent. Le numéraire d'or consista en florins au type de saint Étienne debout, tenant la palme et le caillou, avec la légende FLORENVS CIVITATIS METENSIS [1]; le numéraire d'argent se composa du gros au type de saint Étienne à genoux. Le gros et ses subdivisions furent employés fort longtemps, seuls d'abord, puis plus tard concurremment avec de lourdes pièces telles que le teston, emprunté à la France et à la Lorraine, et le thaler, pris à l'Allemagne. De toutes les subdivisions du gros municipal la plus répandue était le tiers de gros ou tiercelle, connu à Metz sous le nom de bugne. Les bugnes, dont la première émission mentionnée dans les titres date de 1376, avaient encore cours légal à Metz en 1603, car une de ces pièces figura parmi les espèces frappées avec des coins neufs pour être offertes à Henri IV.

N° 1

MONETA METENSIS entre les branches d'une croix; dans chaque canton et en dedans du second grènetis, une étoile à cinq pointes.

℟. S · STEPH PROTHO · M ○; dans le champ, saint Étienne à genoux, tourné à gauche, la tête nimbée et les mains jointes. A droite et à gauche, l'écu de la ville, argent et sable.

Ma collection; tiercelle ou bugne; billon; poids : 1 gr.

[1] Cf. Saulcy, Recherches sur les monnaies de la cité de Metz, p. 77.

N° 2.

MONETA METENSIS; même type.

℞ S STEPH PROT ❀ M ❀. Saint Étienne à genoux entre deux écussons.

Ma collection; tiercelle ou bugne; billon; poids : 1 gr. 05.

Les pièces qui viennent d'être décrites se distinguent de celles qui ont été reproduites dans l'ouvrage de M. de Saulcy par la présence de l'écusson de la cité à droite et à gauche du saint. Il est impossible, tout en reconnaissant qu'elles ne sauraient être antérieures au XVIe siècle, de dire exactement à quelle époque elles appartiennent, car elles ne se rapportent à aucun des nombreux textes monétaires recueillis par M. de Saulcy.

IV

JETONS MESSINS

ANNE D'ESCARS DE GIVRY (1608-1612).

✠ ANNAS · DESCARS · CARD DE · GIVRY · EPISC · MET · S · R · I · P; dans le champ, le cardinal en buste à droite, coiffé de la barrette et portant une longue barbe. A l'exergue, un écusson à ses armes, timbré du chapeau à houppettes.

℟. NON ALIBI STAT FIRM; dans le champ, deux palmes sortant des cieux soutiennent l'ancre, symbole de l'espérance. A l'exergue · 1612 ·. Le fond du tableau représente la mer entre deux montagnes que couronnent des châteaux; au premier plan, un arbuste et un roseau courbés par la tempête.

Ce jeton, qui est en argent et qui fait partie de ma collection, n'était connu que par un mauvais dessin de M. de Geneste[1]. Il est, sinon d'un bon style, du moins d'une exécution délicate.

Le cardinal de Givry était d'un âge avancé lorsqu'il fut appelé au siége de Metz, en 1608. Il mourut en 1612, dans son château de Vic. On ne connaît pas de monnaies à son nom. Il prenait le titre de prince du Saint Empire romain (S[acri] R[omani] I[mperii] P[rinceps]).

NICOLAS DE CERETANI.

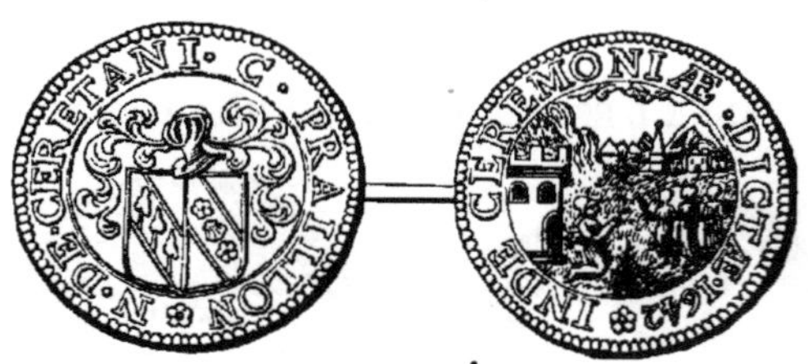

❀ N · DE · CERETANI · C · PRAILLON. Dans le champ un écu mi-parti Ceretani et Praillon, timbré d'un casque avec ses lambrequins.

Les armes des Ceretani (Certani) ont été blasonnées au registre de Lorraine-Évêché (Armorial général de France)

[1] Saulcy, Suppl. aux recherches sur les monnaies des évêques de Metz, p. 97, fig. 200.

en exécution de l'édit de novembre 1696; elles sont d'azur à la bande d'or chargée de trois chênes de sinople.

Les armes des Praillon sont de gueules à la bande d'argent[1] chargée d'une coquille de sable entre deux roses de gueules.

℟. ❀ INDE CEREMONIÆ · DICTÆ · 1642; dans le champ, au premier plan, une porte de ville crénelée; auprès de cette porte, un personnage à genoux et trois femmes venant à lui; la première tient une croix. Au second plan, une ville en flammes.

Ce jeton peut être considéré comme inédit. A une époque où il ne faisait pas encore partie de ma collection, je l'ai cité[2] d'après Dupré de Geneste, mais cet auteur n'en avait pas reproduit le dessin et n'en donnait qu'une lecture incomplète et erronée.

Nicolas de Ceretani appartenait à une famille originaire de Toscane; il était fils d'Antoine et petit-fils de Mathieu, qui fut anobli à Florence, le 26 mars 1574. Antoine de Ceretani était venu en France, sans doute, à la suite de Marie de Médicis; Nicolas, son troisième fils, né en 1601, capitaine en la garnison de Metz, fut seigneur de la Vigerie, Tragny, Vany et ban d'Anone à Servigny. Il mourut à 77 ans, le 8 janvier 1678[3]. D'après les généalogies manuscrites du président d'Hannoncelles, il aurait épousé Jeanne Praillon, fille de Jacques Praillon, qui fut plusieurs fois Maître-Échevin de Metz[4]. Jeanne était née le 25 mai 1599 et aurait eu

[1] Epitaphes de Saint-Martin, p. 187; ms. de la Bibliothèque de Metz.

[2] Voir mes Recherches sur les monnaies et les jetons des Maîtres-Échevins de Metz, p. 44.

[3] M. de Sailly, Note sur Nicolas de Certany, dans l'Intermédiaire des chercheurs et curieux, IVe année, 1867, nos 87 à 90, col. 312.

[4] Voici le passage des généalogies manuscrites, concernant Jacques Praillon et

par conséquent deux ans de plus que son mari. Notre jeton, qu'il ait été fabriqué le jour du mariage ou depuis, porte, au droit, après le nom de Nicolas de Ceretani celui d'une femme de la famille Praillon, dont le prénom commençait par un C et non par un J comme celui de Jeanne.

sa famille; je le dois au baron d'Hannoncelles, président de chambre à Nancy, fils de l'auteur :

Jacques Praillon, seigneur de Tragny, Sorbey, Aube, Moncheux, etc., conseiller au conseil privé du roi et son secrétaire interprète en langue allemande, fut employé dans diverses légations et ambassades, notamment par le duc d'Anjou, depuis le roi Henri III, dans celle qui lui procura la couronne de Pologne; il fut aussi Amant de Saint-Marcel, Treize et Conseiller, et plusieurs fois Maître-Échevin, et mourut octogénaire, le 6 mai 1623. Il avait épousé, le 10 novembre 1578, Salomé, fille de François Pierrot, de Nomeny, morte le 28 octobre 1635, et dont il eut :

1° Jean-Baptiste Praillon, né le 23 mai 1580, chanoine de la cathédrale le 20 décembre 1594, mort au mois de septembre 1597;

2° Philippe Praillon, né le 28 janvier 1582, d'abord chanoine de la cathédrale le 8 octobre 1597, résigna en 1605 et fut ensuite Amant de Saint-Marcel, Treize et Conseiller, Maître-Echevin, et enfin Lieutenant Général du bailliage le 19 juillet 1641; il mourut le 11 décembre 1645, ayant épousé Anne Hellotte, morte au mois d'août 1638 et dont il ne laissa pas de postérité.— Philippe Praillon avait composé des mémoires curieux sur l'histoire de Metz, qui, restés manuscrits, ont été perdus; Meurisse en parle dans son Histoire des Évêques;

3° Jean Praillon, né le 22 mars 1588, chanoine de la cathédrale le 21 juin 1605, archidiacre de Sarrebourg, mort à 39 ans, le 4 février 1627;

4° François Praillon, né le 30 septembre 1591, religieux bénédictin de la maison de Saint-Vincent et prieur titulaire d'Augny, mort le 18 mars 1624;

5° Jacques Praillon, né le 13 novembre 1596, vivant en 1606, mort sans postérité;

6° Madelaine Praillon, née le 8 janvier 1584, mariée, le 8 février 1599, à Antoine de Linage, écuyer, seigneur de Noysaye, Blassy et Marne-la-Maison, Lieutenant Général du bailliage de Vitry, et veuve en 1642 (époque de la vente de la maison sise au bas de Chapelerue); Antoine était fils de Jacques de Linage, aussi Lieutenant Général dudit bailliage, et de Madelaine de Braux;

7° Anne Praillon, née le 10 juin 1585, mariée, le 7 juin 1602, à Siméon Aubertin, seigneur de Suzémont, conseiller et chancelier à vie de l'évêque de Metz;

8° Françoise Praillon, née le 8 septembre 1594, mariée, le 8 février 1614, à Lazare de Selve, seigneur des Martignons, conseiller d'Etat et président de Metz, dont elle fut la seconde femme et dont elle eut deux enfants;

9° Jeanne Praillon, née le 25 mai 1599, mariée à Nicolas de Certany, sieur de la Vigerie, capitaine en la garnison, mort à 77 ans, le 8 janvier 1678;

Et 10° Catherine Praillon, née le 4 mars 1601, mariée: 1° le 26 novembre 1616, à Philippe de Garges, écuyer, enseigne au régiment des gardes du roi; 2° à Vary de Chassenoy, aussi écuyer, seigneur de Han-sur-Seille, mort le 25 janvier 1637.

Or Jacques Praillon avait une autre fille plus jeune que Jeanne, qui se nommait Catherine et qui aurait épousé successivement Philippe de Garges, écuyer, enseigne au régiment des gardes du roi, et Vary de Chassenoy, seigneur de Han-sur-Seille.

Faudrait-il croire que Catherine, en 1642, aurait épousé en troisièmes noces son beau-frère, qui, à cette époque, aurait été veuf lui-même? Catherine n'avait que l'âge de Nicolas de Ceretani. Il y a là un point de généalogie difficile à établir ; au reste, si je publie ce jeton, c'est moins pour la biographie des personnages, dont il indique les noms et les armoiries, que pour le souvenir antique exprimé au revers.

Dans la légende du revers, le graveur a profité, suivant le goût du temps, de l'origine toscane des Ceretani, pour adresser à Nicolas une flatterie généalogique en rapprochant son nom de famille du nom d'un antique peuple de l'Etrurie, les *Caeretani*. L'idée de la légende et le sujet du revers ont été inspirés par le passage suivant de Valère Maxime : « Urbe enim a Gallis capta, quum flamen quirinalis virginesque vestales sacra onere partito ferrent, easque, pontem Sublicium transgressas et clivum qui ducit ad Ianiculum descendere incipientes, L. Alvanius, plaustro coniugem et liberos vehens, adspexisset, propior publicae religioni quam privatae caritati, suis ut plaustro descenderent imperavit; atque in id virgines et sacra imposita, omisso coepto itinere, Caeretem oppidum pervexit, ubi cum summa veneratione recepta grata memoria ad hoc usque tempus hospitalem humanitatem testantur. Inde enim institutum est sacra caerimonias vocari, quia Caeretani ea, infracto reipublicae statu perinde ac florente, coluerunt[1]. »

[1] Liv. I, ch. I, par. 10.

On le voit, la légende du jeton INDE · CÆREMONIÆ · DICTÆ n'est autre chose que la phrase « Inde enim institutum est sacra caeremonias vocari » abrégée de manière à tenir dans un espace très-restreint. Quant à la scène, elle paraît bien montrer les Vestales et L. Alvanius qui s'incline devant leur caractère sacré. Les objets du culte qu'elles portaient, au témoignage de Valère Maxime, ont été, suivant un anachronisme religieux dont on connaît de nombreux exemples, représentés par le graveur sous la forme de l'emblème chrétien.

V

ÉVEQUES DE TOUL

Les monnaies de Toul, à peine connues au dernier siècle[1], étaient encore des plus rares lorsque je m'en suis occupé pour la première fois, il y a plus de trente ans[2]; mais on a fait de nouvelles trouvailles, et le moment est venu, surtout pour les premiers temps de la période épiscopale, de soumettre la numismatique touloise à un travail de révision. La loi des types n'avait pu s'établir, au début, d'une manière incontestable, tant il y avait de lacunes dans la série; elle s'est formulée aujourd'hui et permet, sans un grand écart, de classer chronologiquement la pièce dont la légende a disparu mais dont le type général est reconnaissable.

[1] Duby (Monnaies des prélats et barons de France, t. Ier, p. 40) cite seulement deux ou trois monnaies de Toul qu'il n'a pas vues; il n'en a fait graver (pl. XII) que deux, qu'il avait copiées dans dom Calmet, et dont l'une au moins doit être restituée à la série des ducs de Lorraine.

[2] Recherches sur les monnaies des évêques de Toul, 1844, in-4.

C'est ainsi que le temple carlovingien, adopté au xe siècle par l'évêque Étienne, s'est maintenu plus ou moins altéré jusqu'à l'évêque Henri (1127-1165), qui l'a remplacé par une église à deux tours avec pignon central. Ce nouveau type dure pendant plusieurs épiscopats avant de faire place à la crosse, à la croix ou à la mitre. Avec le xiiie siècle apparaissent, sur de fort petits deniers, les emblèmes héraldiques des prélats; puis, un peu plus tard, au moment où les flans vont s'agrandir, les monétaires de Toul empruntent plus ou moins servilement leurs types aux ateliers royaux d'Angleterre et de France ou même à des ateliers féodaux, tels que ceux de Cambrai et des Pays-Bas.

J'avais commencé, en 1868, la révision dont je viens de parler, mais diverses circonstances me l'ont fait ajourner, après la publication du premier chapitre, qui comprenait les monnaies mérovingiennes[1]. Voici, en attendant que je reprenne ce travail, des types monétaires nouveaux appartenant exclusivement à la période des imitations et des armoiries.

JEAN DE SIERCK (1296-1305).

N° 1.

IOHES; buste épiscopal crossé, mitré et tourné à gauche.

℟. DE TOVL; dans le champ un écu sur lequel se voit distinctement une bande chargée de trois coquilles et posée sur une crosse.

Collection Monnier; argent; 0 gr. 68, poids moyen de trois exemplaires de coins différents et mal conservés.

[1] Rev. num., nouvelle série, t. XIII.

N° 2.

IOHES; buste épiscopal à gauche, les mains jointes; une petite croix à la hauteur du visage.

℞. · ✠ · DE TOV; écu comme au numéro précédent.

Ma collection; argent; poids : 0 gr. 52.

Faute d'un nombre suffisant de termes de comparaison appartenant soit à la numismatique de Toul, soit à celle des villes voisines, on ne sait si les deux monnaies précédentes sont de Jean de Sierck (1296-1305) ou de Jean de Heu (1363-1372), qui paraissent, sauf les émaux, avoir eu des armes semblables. Jean de Heu portait en effet de gueules à la bande chargée de trois coquilles de sable. La maison de Sierck, suivant dom Calmet, aurait changé d'armoiries et porté d'abord d'or à l'aigle de sable, puis d'or à une bande de gueules chargée de trois coquilles d'argent. Dans ma Sigillographie de Toul (pl. VII, fig. 17), j'ai publié un sceau employé par Jean de Sierck la première année de son épiscopat. La face de ce sceau représente une aigle éployée posée sur une crosse; mais il serait possible que le nouveau blason se fût introduit dans la maison de Sierck pendant la durée de l'épiscopat de Jean. Quoiqu'il en soit, le type et le style général de la pièce rappellent les petits deniers messins du XIIIe siècle et ne permettent guère de la faire descendre jusqu'à la seconde moitié du XIVe.

N° 3.

IOH' EP̄S dans un grènetis; au centre un écu à

bande chargée de trois coquilles et posée sur une crosse.

℟. TOVL dans les cantons d'une croix à branches épaisses et pattées, le tout dans un grènetis fortement accusé.

Ma collection; belle conservation; argent; poids : 0 gr. 57.

Cette pièce rappelle par le type du revers un denier que M. Jules Laurent [1] croit pouvoir attribuer à Gérard de Relanges, qui occupa le siége de Metz de 1298 à 1309; elle a également la plus grande ressemblance avec une monnaie lorraine qui doit être rapportée soit à Ferri III, soit à Ferri IV [2] qui devint duc en 1312, sept ans seulement après la mort de Jean de Sierck. C'est donc aussi à ce dernier prélat que notre pièce se classe par ses caractères numismatiques plutôt qu'à Jean de Heu.

N° 4.

✠ IOHANES; dans le champ une mitre ornée de perles.

℟. TVLL ⊢ V; au centre une crosse en pal tournée à droite.

Ma collection; argent; poids : 0 gr. 52.

Ce joli denier, que ne caratérise aucun emblème héraldique, appartient à l'un des trois évêques du nom de Jean, qui ont administré l'église et le comté de Toul pendant le XIVe siècle. Il rappelle les monnaies à la crosse frappées au XIIIe siècle sous Gilles de Sorcy et sous Conrad, sauf le *velum* ou *sudarium* qui n'est plus représenté.

[1] Ateliers monétaires de la partie du territoire lorrain devenue le département des Vosges; in-8, p. 27 et pl. V, fig. 40.

[2] Voir l'article que j'ai publié en 1866 dans la Revue numismatique sur des monnaies lorraines inédites.

JEAN D'ARZILLIÈRES (1309-1320).

N° 1.

✠ IOHAN ⁝ COMES ⁝ TVLLENS; cavalier, casqué, armé de toutes pièces et monté sur un cheval galopant à gauche, la lance haute; grand haubert, cotte d'armes, heaume ovoïde; écu triangulaire au lion rampant. Le cheval houssé et cimé d'un plumail en éventail. Selle d'armes à troussequin fortement cintré.

℞. ✠ MONETA ⁝ NOVA ⁝ TVLLENSIS ⁝ EPIS et, en légende intérieure, ✠ SIGNVM CRVCIS

Ma collection; argent; poids : 1 gr. 76.

Le lion rampant, qui se reconnaît sur l'écu, formait la pièce principale du blason de l'évêque Jean. La famille d'Arzillières portait encore, mais à une époque moins reculée : d'or semé de croisettes recroisettées de sable, au lion de même brochant sur le tout. La présence de ce lion donne à la pièce de Toul une ressemblance toute particulière avec les cavaliers à la lance de Jean II d'Avesnes, comte de Hainaut (1228-1304)[1].

D'autres monnaies au type du chevalier armé de la lance, et portant sur l'écu un emblème héraldique, ont été frappées,

[1] R. Chalon, Recherches sur les monnaies des comtes de Hainaut, pl. III, n° 27.

à la même époque, par plusieurs barons et par quelques évêques. On peut citer : Guillaume I, comte de Hainaut (1304-1337)[1], successeur de Jean d'Avesnes ; Jean II, duc de Brabant (1294-1312)[2] ; Robert de Béthune, comte de Flandre (1305-1322)[3] ; Jean, comte de Namur (1297-1331)[4] ; Pierre de Mirepoix, évêque de Cambrai (1310-1324)[5] ; Arnould, comte de Looz (1280-1323) ; Wallerand, comte de Ligny (1288-1353) ; Gui, comte de Saint-Pol (1292-1317) ; Jean, sire de Walincourt (1306-1314) ; Ferri IV, duc de Lorraine (1312-1328)[6] ; Bertrand III, prince d'Orange (1282-1335)[7], etc.

N° 2.

✠ IOH · DIGR–A · TVLLEN ; dans le champ une épée en pal, la lame creusée d'une gorge d'évidement, le pom-

[1] R. Chalon, Monnaies des comtes de Hainaut, pl. VI, n° 45.

[2] Van der Chijs (de Munten der Hertogdommen Braband en Limburg, p. 57, et pl. XXXII, n° 7) donne au duc Jean Ier (1261-1294) le cavalier à la lance, en se fondant sur sa ressemblance avec le cavalier de Marguerite de Constantinople, comtesse de Hainaut (1244 à 1280) ; mais, dans cette dernière pièce, le prince tient une épée au lieu de la lance à fanon, et le type général est loin d'être le même. Comme les imitations monétaires, fidèles dans les moindres détails, se produisaient en général dès qu'un nouveau type paraissait, et comme les nombreuses imitations du cavalier à la lance appartiennent soit à la fin du XIIIe siècle, soit surtout aux premières années du XIVe, il y a tout lieu de croire que ce type a paru pour la première fois dans les ateliers de Jean II d'Avesnes (1228-1304) ou dans ceux de Jean II de Brabant (1294-1312).

[3] Gaillard, Monnaies des comtes de Flandre, pl. XIV, n° 172.

[4] R. Chalon, Monnaies des comtes de Namur, pl. V, n° 83.

[5] Voir ma Numismatique de Cambrai, pl. IX, n° 5.

[6] Voir un article que j'ai publié dans la Revue numismatique, 1861, p. 317, et pl. XIII, n° 5.

[7] Poey d'Avant, Monn. féod., t. II, p. 390 et pl. XCVII, n° 3.

meau trilobé, la fusée à torsades, les quillons courbés vers la pointe et terminés par des feuillages émoulés. De chaque côté de l'épée un oiseau éployé semblable à l'alérion de Lorraine, sauf la tête.

℟. ✠ EPISCOP · ET C OMES; un cavalier à droite, charge, la lance baissée; il est vêtu du grand haubert et de la cotte d'armes; l'épaule est protégée par une ailette et le devant du corps par un écu triangulaire dont les emblèmes ne sont plus visibles. Le genou paraît enfermé dans une boîte de métal; on aperçoit le troussequin cintré de la selle d'armes; le cheval porte la housse flottante en usage dans les tournois.

Ma collection; argent; poids : 0 gr. 90.

La pièce que je viens de décrire est la copie servile d'une monnaie dans laquelle le graveur des coins du duc de Lorraine, Ferri IV (1312-1328), avait réuni le cavalier des Pays-Bas et particulièrement celui qui se voit sur la subdivision de Jean Ier de Namur (1297-1331)[1] au type tout lorrain de l'épée cantonnée de deux alérions. Renaud, évêque de Metz (1302-1316) et Gaucher de Châtillon[2] (après 1318), avaient, comme Jean, contrefait le petit cavalier de Lorraine au revers de l'épée. En se rappelant que le sceau employé par Jean de Sierck, la première année de son séjour à Toul, portait une aigle[3] on serait tenté de faire remonter le n° 2 jusqu'à lui. Mais les emblèmes héraldiques n'ont pas sur les monnaies le même caractère que sur les sceaux; en effet, dans les petits États, le graveur du coin se proposait avant tout de combiner le type de manière a donner à la monnaie

[1] R. Chalon, Monnaies des comtes de Namur, pl. V, n° 83.

[2] Saulcy, Recherches sur les monnaies des ducs de Lorraine, pl. IV, fig. 16.

[3] Voir ma Sigillographie de Toul, p. 81 et pl. VII, fig. 17.

le plus grand rayon possible de circulation. Tous les moyens lui étaient bons et le plus usité consistait à imiter les monnaies des princes voisins. C'est ainsi que les lis royaux ont paru, comme nous en verrons un exemple plus loin, sur les monnaies de diverses seigneuries voisines de la France. Or il est incontestable que le type de l'épée en pal, accostée de deux alérions, a été créé par Ferri IV qui n'est arrivé au trône lorrain qu'après la mort de Jean de Sierck. Ce type et l'alérion seul, ont été d'ailleurs souvent imités hors du duché de Lorraine[1].

N° 3.

IOH EPISCOPVS ; écu parti de deux lions ; le tout dans un grènetis.

℟. ✠ MONETA BLNOD entre les branches d'une croix ; une rose et des fleurons dans les angles.

Ma collection ; argent ; poids : 0 gr. 90.

Cette pièce est une contrefaçon habile d'un type très-usité dans les Pays-Bas, par exemple sous Jean Ier, comte de Namur (1297-1331)[2], dont l'écu était parti de deux lions couronnés, avec bâton péri en bande ; sous Jean II, duc de Brabant (1294-1312), qui portait sur ses monnaies parti du

[1] Cf. J. Chautard, Imitations de quelques types monétaires propres à la Lorraine. In-8, 1872, pl. XIV, fig. 5.

[2] R. Chalon, Monnaies des comtes de Namur, pl. V, n° 86.

lion de Brabant et du lion de Limbourg[1]; sous Arnould de Looz (1280-1328)[2]; sous Jean l'Aveugle, comte de Luxembourg (1309-1346)[3]; sous Gaucher, comte de Porcin (1303-1329)[4], et sous d'autres qui, ayant ou n'ayant pas deux lions dans leurs armes, ont adopté ce type pour augmenter la circulation de leur numéraire.

Avant d'en finir avec le n° 3, on peut remarquer que le revers est à peu près celui des esterlings anglais, dont les imitations étaient déjà répandues dans divers pays au temps de Jean d'Arzillières.

AMÉDÉE DE GENÈVE (1321-1330).

Amédée, fils du comte de Genève, portait *cinq points d'or équipollés à quatre joints d'azur*. Ce blason, reproduit sur ses sceaux, ne s'est reconnu jusqu'à présent sur aucune monnaie de Toul. En 1844 j'avais attribué à cet évêque un denier assez mal conservé, dont le revers présentait une façade d'église à pignon, avec une tour de chaque côté, tout en déclarant que le style de la pièce semblait la reporter au delà du XIVe siècle. La loi des types que j'ai indiquée plus haut, ne permet plus aujourd'hui de maintenir ce denier à l'évêque Amédée. Des pièces récemment découvertes et qu'il m'a été permis d'acquérir portent en toutes lettres le nom d'Amédée et viennent combler dans la série monétaire une lacune regrettable.

1 Van der Chijs, De Munten der Hertogdommen Braband en Limbourg, pl. VI, n° 4, et Suppl., pl. XXXII, n° 1.

2 Id., pl. XXI, n° 20.

3 Chautard, Imitation des monnaies au type de l'esterling, pl. XIV, n° 5.

4 Poey d'Avant, Monnaies féodales, n° 6091 et pl. CXLI, n° 13.

N° 1.

✠ AMEDEVS : EPISCOPVS : TV[LL]ENSIS en légende extérieure, et ✠ KASTRO MEVS en légende intérieure ; au centre et inscrite dans le dernier grènetis, une croix à branches larges et pattées.

℟. ✠ FLANCHO LIB'D' dans une bordure formée, entre deux grènetis, de neuf fleurs de lis et de deux crosses ; au centre le châtel à pignons.

Ma collection ; demi-gros frappé à Liverdun ; fruste ; argent de bon titre ; poids : 1 gr. 55.

Le mot FLANCHO, placé au revers, ressemble à première vue au FRANCORVM des demi-gros frappés par Philippe V, le 15 septembre 1317, et complète entre la pièce royale et la pièce de Toul une ressemblance qui permettait à cette dernière de circuler hors de l'évêché. Le demi-gros au type de Philippe V est évidemment une des premières monnaies de l'épiscopat d'Amédée.

N° 2.

✠ MONETA ◦ AMEDEI entre deux grènetis ; au centre une croix fleurie.

R̸. + KSTRO LIBDV entre deux grènetis; au centre une couronne dont les fleurons extrêmes dépassent le grènetis intérieur.

Ma collection; billon; poids : 1 gr. 19.

Le type de cette pièce est également emprunté à la monnaie royale de France, et cette fois au double tournois créé par Philippe de Valois. C'est évidemment une des dernières émissions faites par Amédée.

Je possède une variété présentant quelques différences dans la forme et dans les ornements de la couronne; de plus un annelet se voit entre les mots KSTRO et LIBDV; billon; poids : 1 gr. 20.

J'ai vu, dans une collection lorraine, une troisième variété de cette monnaie où l'annelet séparatif était remplacé dans la légende du revers par deux points placés l'un au-dessus de l'autre. Aucun des exemplaires retrouvés jusqu'à ce jour n'étant du même coin, et la fabrication n'ayant duré que deux ans tout au plus, on peut en conclure que l'atelier épiscopal de Liverdun[1] avait beaucoup d'activité au XIVe siècle.

THOMAS DE BOURLÉMONT (1330-1353).

Thomas est de tous les évêques de Toul celui dont le monnayage a été le plus actif, du moins si l'on en juge par le nombre de ses espèces retrouvées depuis quelques années. Déjà, en 1864[2], alors que la plupart des évêques n'étaient pas encore représentés dans les médailliers, j'avais pu faire

[1] Liverdun (Liberdunum) était une des principales forteresses de l'évêché. Pierre de Brixey, dès 1178, c'est-à-dire quatre ans avant la promulgation de la célèbre loi de Beaumont, avait accordé aux habitants de Liverdun d'importantes franchises (Vidimus du XIVe siècle, coll. Dufresne) et établi ou développé un atelier monétaire qui a longtemps fonctionné à l'abri des remparts de cette place.

[2] Recherches sur les monnaies des évêques de Toul; in-4, 10 planches.

graver les pièces suivantes de Thomas de Bourlémont :

1° Un petit denier d'ancien type, frappé sans doute dans les premières années de son épiscopat. Ce denier présente d'un côté l'évêque crossé et mitré, de l'autre une croix; il porte le nom de l'évêque et celui de la ville.

2° Une monnaie d'argent sur laquelle se voient, au droit, l'écusson et le nom de l'évêque ; au revers, une croix et le nom de la ville.

3° Une monnaie ayant sur sa première face, l'écu chargé d'une crosse avec le nom du prélat en légende, sur sa seconde face une crosse en pal accostée de deux écus et la désignation de l'atelier.

4° Deux esterlings avec le nom de l'évêque.

5° Un troisième esterling qui semble appartenir à Thomas par la ressemblance du type, encore bien qu'il porte simplement, au lieu du nom de l'évêque, les mots EC MONETA NOSTRA. L'esterling anglais avait été copié de divers côtés, dès avant l'épiscopat de Thomas de Bourlémont ; il ne serait donc pas impossible que les exemplaires anonymes appartinssent à son prédécesseur.

Les variétés suivantes ont été découvertes depuis la publication de mon premier ouvrage :

N° 1.

✠ THOMAS ⁑ EPISCOPVS entre deux filets circulaires; dans le champ un contour formé alternativement d'angles et d'épicycloïdes, comme sur les monnaies du duc de Lorraine Raoul, dont Thomas était contemporain ; au centre et posé sur une crosse, un écu aux armes des Bourlémont, qui portaient d'argent et de gueules de huit pièces.

℟. MONETA ⁑ TVLLENSIS entre deux grènetis; dans le champ, une crosse en pal, accostée de deux écus semblables à celui du droit et surmontés chacun d'un trèfle.

Ma collection; argent; poids : 0 gr. 92.

Deux autres esterlings présentent le même type sans être de la même émission, car les croisettes y sont remplacées, sur l'un qui est de ma collection, par deux points, sur l'autre, dont Dupré de Geneste nous a laissé le dessin, par un seul point [2].

N° 2.

✠ THOMAƧ ⁙ EPƧ ⁎; dans le champ, un écu chargé d'une crosse.

℟. MONETA TVLEƧIƧ entre deux grènetis; dans le champ, une crosse accostée de deux roses, dispositif destiné à reproduire le type des petites monnaies du duc Jean Ier (1346-1389) [2], qui circulèrent en Lorraine pendant les dernières années de l'épiscopat de Thomas.

Argent de bon titre; poids : 0 gr. 42. Dessin pris sur un exemplaire de la collection Gillet.

[1] Voir mes Recherches, pl. VIII, fig. 1.

[2] Saulcy, Recherches sur les monnaies des ducs de Lorraine, pl. VI, fig. 16 et 17.

N° 3.

THOMAS EPISCOPVS; dans le champ, la tête de face des esterlings, chargée d'une couronne sous laquelle se développent des mèches de cheveux saillantes et bouclées; en haut, au commencement de la légende, un petit écu aux armes de l'évêque.

℟. TVLLENSIS EPS entre les branches d'une croix; dans chaque canton un triple point.

Cet esterling, dont j'ai trouvé le dessin, il y a quelques années, dans un manuscrit de la collection du comte Emmery, diffère des deux pièces analogues et signées que j'avais publiées[1]; l'une porte en effet THOMAS ❀ DEI GRACIA au droit, et l'autre SIGNVM CRVCIS au revers. L'écu de famille, méconnaissable sur la première de ces deux pièces, est ici nettement accusé.

N° 4.

Les esterlings de Toul les plus communs sont ceux qui ne mentionnent pas le nom de l'évêque; j'en ai déjà fait connaître, dans mon premier travail, un exemplaire portant, du côté de la tête ✠ EC · MONETA NOSTRA et, au revers, TOLLO CIVITAS. En voici un autre, dont la lé-

[1] Op. laud., p. 53, et pl. VIII, fig. 4 et 5.

gende a été bizarrement torturée au revers de manière à produire une double imitation :

EC MONETA NOSTRA; dans le champ, la tête de face des esterlings, avec longs cheveux et couronne.

℟. TOL ENG IEN LVN, que l'on peut lire aussi LVN TOL ENG IEN; croix partageant la légende en quatre; triple point dans chaque canton.

Les quatre syllabes du revers, si l'on en commence la lecture par le premier canton (LVN TOL ENG IEN), donnent à peu près l'aspect de la légende habituelle (LON TON REN GIE) gravée au revers des esterlings de lorraine, portant au droit le nom du duc Ferri [1].

L'esterling que je viens de décrire fait partie de ma collection; il pèse : 1 gr. 07.

J'en possède une variété qui porte IC au lieu de EC.

La formule EC MONETA a été employée au XIVe siècle non-seulement à Toul, mais à Verdun et à Nancy.

N° 5.

Il existe un autre esterling sur lequel on voit :

HIC MONETA NOSTRA.

℟. LON TON REN GIE; croix cantonnée d'un triple point.

[1] Cf. l'article publié par M. de Pfaffenhoffen dans la Revue numismatique, 1867, p. 454 et pl. VI, fig. 3.

M. de Coster[1] le suppose frappé en vertu d'un traité entre l'évêque Thomas (1330-1353) et Raoul, duc de Lorraine (1329-1346); M. Chautard[2] se refuse avec raison à admettre qu'il y ait là une preuve d'association et semble disposé à attribuer cette variété à Thomas seul. Mais le mot LON TON REN GIE, où la syllabe LEN est remplacée par REN, constitue la légende même de l'esterling bien connu du duc de Lorraine Ferri IV (1312-1328). Il faut donc laisser la pièce anonyme à ce dernier prince ou à son fils Raoul.

N° 6.

✠ T · EPISCOPVS dans un contour fleurdelisé; au centre, une grande fleur de lis.

℟. ✠ BND...... SIT ⁝ NOMEN ....RI DEI en légende extérieure; ✠ MONETA NOSTRA en légende intérieure. Au centre de la pièce, une croix à branches épaisses et pattées; un lis dans le second canton.

Billon bas; poids : 1 gr. 80.

Cette pièce est une contrefaçon habile du gros blanc tournois, créé sous Philippe de Valois, le 4 décembre 1340, et démonétisé le 30 août 1344. Elle m'a été communiquée par

[1] Rev. num. belge, 1852, p. 15, et pl. I, fig. 9.

[2] Imitation des monnaies au type de l'esterling, 1er fascicule, p. 131.

M. Monnier, de Nancy, qui la classait à Thomas de Blâmont, évêque de Verdun (1303-1305)[1].

Les imitations de la monnaie royale étaient très-fréquentes à cette époque chez les barons qui ne relevaient pas directement de la couronne. Un évêque de Cambrai, Guillaume d'Auxonne, qui vivait du temps de Thomas de Bourlémont, avait aussi imité le gros de France[2]; mais au moins avait-il remplacé la fleur de lis centrale par une mitre posée sur deux crosses et n'avait-il pris que des trèfles pour bordure. La contrefaçon était plus complète à Toul; mais on ne saurait s'en étonner lorsqu'on se rappelle que Thomas de Bourlémont, dans un contrat passé, en 1345, pour l'exploitation des ateliers de Liverdun et de Brixey pendant un an, avait donné pleins pouvoirs à un certain Xaudrin de faire « toutes autres monoyes de monoye blanche au nom d'autres que nous, force que au nom dou roi et au nom dou duc[3]. » Il semble donc qu'on copiait dans l'évêché de Toul non-seulement le type, mais les noms inscrits sur les monnaies étrangères, et que la monnaie de France avait seulement le privilége de n'avoir pas ses légendes contrefaites.

Les contrefaçons étaient également fréquentes entre barons voisins; l'évêque de Metz, Adhémar de Monthil, dont les types avaient été pris par Thomas[4], se plaignit hautement[5] et obtint satisfaction.

La pièce que je viens de décrire se rattache à Thomas de Bourlémont par la forme MONETA NOSTRA et ne peut être

[1] Voir le catalogue de la Collection Monnier, Paris, Rollin et Feuardent 1874, n° 1254.

[2] Voir ma Numismatique de Cambrai, pl. X, n° 5.

[3] Benoît, Hist. ecclés. et polit. de la ville de Toul, preuves, CIV.

[4] Recherches sur les monnaies des évêques de Toul, pl. VIII, n° 3.

[5] Benoît, Hist. eccl. et pol. de la ville de Toul, preuves, CIJ.

revendiquée en faveur de Thomas de Blâmont, qui mourut près d'un quart de siècle avant l'avènement de Philippe de Valois. C'est vers le milieu du XIVe siècle, dans les ateliers des prélats et des barons voisins de la France, que le gros au lis a été fréquemment imité. Jusqu'à cette époque, c'est le gros au châtel, inauguré dans l'atelier royal de Tours qui avait servi de modèle. On en a vu une copie touloise au nom du prédécesseur de Thomas de Bourlémont.

PIERRE DE LA BARRIÈRE (1361-1363).

Voici une subdivision inédite du gros de l'évêque Pierre de la Barrière :

PETRVS ⁝ DE ⁝ BAR ⁝ EPS TVL entre deux grènetis ; au centre, et posé sur une crosse qui traverse tout le champ de la pièce, l'écu de famille qui présente au premier canton et au quatrième trois fasces, et au second et au troisième un château dans une bordure engrelée. Je n'ai rencontré nulle part ni le blason, ni les émaux de la famille de la Barrière.

℟. ✠ MONETA ⁝ TVLLENCIS entre deux grènetis. Dans le champ, une croix pattée.

Ma collection ; billon noir ; poids : 0 gr. 83.

Pierre de la Barrière est le premier qui ait fait graver à Toul son nom de famille dans les coins monétaires.

VI

JETONS DE TOUL

Les jetons suivants, qui remontent pour la plupart au XVIe siècle, sont encore inédits ou ont été inexactement reproduits :

HUGUES DES HAZARDS (1506-1517).

∘ H ∘ EP꞊S ∘ TVLLE꞊N entre deux grènetis; dans le champ, et posé sur une crosse, l'écu aux armes de l'évêque, qui étaient d'azur à la croix d'argent, cantonnée de quatre dés de même.

℟. ✠ CALCULEZ ∘ BIEN · entre deux grènetis; au centre, sur une banderole MODERATA DVRANT[1].

Ce jeton avait été reproduit dans mon premier travail d'après une ancienne gravure. Le dessin que j'en donne aujourd'hui est pris sur un exemplaire qui se trouve au musée impérial de Vienne.

[1] Cette devise se voit au revers d'un sceau sur la face duquel on lit HVGO : HAZARDE : DE : BLENODIO : EPS * ET : COMES : TVLLENCIS : (cf. ma Sigillographie de Toul, pl. XII, fig. 35). Hugues était né à Blénod, de parents obscurs.

HECTOR D'AILLY (1521-1532).

· HECTOR · DALLY · EPS · ✠ COMES · TVLLESIS · entre deux grènetis ; au centre, les armes de l'évêque qui sont de gueules à la bande ondée d'argent, accompagnée de six merlettes de même. L'écu est surmonté d'une crosse et entouré d'un contour épicycloïdal, qui s'inscrit dans le grènetis inférieur.

℟. ✠ · A VERO · CALCVLI · IVRE · NE · RECEDAS · en légende circulaire ; dans le champ, un cartouche rectangulaire à queue d'aronde, suspendu par des rubans, laisse lire la devise · NASCI · LABORARE · MORI · ; à l'exergue, la date de 1526.

D'après un exemplaire du cabinet de France.

TOUSSAINT DE HOCÉDY (1543-1565).

✠ TOVSSANVS · D · G · EPVS · AC · COMES · TVLLE ;

dans le champ, le prélat en buste, nu-tête et vêtu d'un simple camail.

℟. ⋆ INTER ⋆ VTRVNQVE ⋆ VOLA ⋆; au centre, posé sur une crosse et timbré d'une couronne de comte, l'écu aux armes du prélat qui sont : de gueules à la fasce d'argent chargée d'une aiglette d'azur, becquetée et membrée de gueules; la fasce accompagnée de trois têtes de léopards d'or, deux en chef, une en pointe. La devise reproduit, comme on le voit, la pensée du blason.

Ce jeton, qui porte à l'exergue la date de 1558, se trouve également au cabinet de France.

CHARLES DE LORRAINE VAUDÉMONT (1580-1587).

Les deux jetons suivants, qui font partie de ma collection, n'ont probablement été frappés ni à Toul, dont Charles de Vaudémont a gardé l'administration depuis 1580 jusqu'à sa mort, en 1587, ni à Verdun, où il a été transféré en 1586. Ce jeune prince, fils du régent de Lorraine et frère de la reine de France, était cardinal depuis 1578; il ne résidait pas.

N° 1.

CAROLVS A LOTHARINGIA CARDINALIS VADEMONTANVS; le prélat en buste, revêtu du camail.

℟. ✠ : MERITO : DEFENDO : TVENTEM : entre un grènetis et un filet; au centre, l'écu de Lorraine-Vaudémont qui était : coupé d'un trait parti de trois autres, qui font huit quartiers : au 1er de Hongrie, au 2e de Naples, au 3e de Jérusalem, au 4e d'Aragon, au 5e d'Anjou, au

6° d'azur au lion cantonné d'or couronné de même qui est Gueldres, au 7° d'or au lion de sable couronné d'or qui est Juliers, au 8° de Bar, sur le tout de Lorraine. La brisure était d'un lambel d'azur; les traces du lambel sont encore visibles sur notre jeton, dont le haut est cependant très-fruste. L'écu est surmonté d'un chapeau à dix houppes; des croisettes sont semées dans le champ de la pièce, autour de l'écu.

N° 2.

✠ CARO · A LOTHAR · CARDI · VADEMONTANVS; même écu et mêmes accessoires qu'au revers du numéro précédent.

℟. MERITO DEFENDO TVENTEM écrit sur une banderole; au centre de la pièce se voit une église élevée sur un rocher.

N° 3.

Un autre jeton, appartenant à la collection du prince de Furstenberg, montre le droit du n° 1 et le revers du n° 2. M. de Pfaffenhoffen, qui a décrit cette variété dans une lettre à M. de Longpérier [1], pense que la banderole porte MERITO DEFENDO TVAM LITEM (c'est à bon droit que je défends ta cause); il est difficile d'admettre que deux légendes si peu différentes aient été employées; aussi est-il probable que la devise bien connue MERITO DEFENDO TVENTEM se trouve aussi, mais mal venue, sur l'exemplaire du prince de Furstenberg.

[1] Revue numismatique, 1867, p. 458.

FRANÇOIS DE LESPY DU SAUSSAY.

François du Saussay fut official et vicaire général de Toul, en 1669, pendant l'épiscopat de son parent, l'évêque André du Saussay, que le roi nomma en 1649, et qui fut confirmé par le pape le 1 octobre 1665.

FRANÇOIS · DE · LESPY · DV · SAVSSAY; au centre, un cartouche, surmonté d'une tête d'ange, présente les armes de famille : d'hermine, au chef cousu d'or, à l'aigle éployée hissant de sable cerclée de même [1].

℟. MALO · MORI · QVAM · FOEDARI; dans le champ, un loup poursuivi fait ferme.

COMPAGNIE DES CADETS-DAUPHIN

SOLERT · DELPH · DEDICAV · MAG · TVL • 17 ▭;

[1] D'après un arbre généalogique conservé au Musée lorrain, à Nancy. Suivant le père Picard, le coupé serait d'argent.

dans le champ, un T surmonté d'un dauphin et accosté de deux fleurs de lis [1].

℟. PSITTACI PROEMIVM; vaste édifice fermé par une grille; à l'exergue, FONTAINE, nom d'un graveur connu.

En 1744, le dauphin, fils de Louis XV, qui rejoignit l'armée, trouva, en traversant Toul, une compagnie fort bien équipée qui lui servit de garde d'honneur; il l'autorisa à se constituer régulièrement et à porter le nom de Cadets-Dauphin. La compagnie ainsi formée dura, avec son nom et certains priviléges, jusqu'à la Révolution. Le 22 avril 1790, elle fut sommée par le corps municipal de se fondre dans la garde citoyenne et d'en prendre l'uniforme, et, comme elle refusa, elle fut et demeura dissoute [2]. Le 9 mai 1751, pour raviver le zèle des Cadets-Dauphin, il avait été décidé que l'antique tir du papegai serait rétabli en leur honneur, qu'une médaille du prix de 24 livres serait délivrée au vainqueur par le magistrat de Toul, et que celui qui aurait reçu trois médailles serait exempté pour toute sa vie du logement militaire. La médaille qui fut fabriquée à cette occasion était en argent, de la valeur de 24 livres et, par conséquent, d'un large diamètre; elle portait d'un côté SOLERT · DEDICAV · MAGIST · TVLLEN et le T avec trois fleurs de lis, de l'autre côté PSITTACI · PROEMIVM · ANNO · 1751, le perroquet perché sur son chandelier et la balle qui va frapper le but [3].

Ce ne fut que plus tard, lorsque la médaille, sans valoir plus de 24 livres, fut frappée sur flan d'or, que l'on adopta

[1] La ville de Toul portait de gueules au T fleuronné d'or (voir dans ma Sigillographie les sceaux et les cachets reproduits à la planche XL).

[2] Voir sur les Cadets-Dauphin un article intéressant de M. Henri Lepage (Journal de la Soc. d'archéol. et du Musée lorrain, 1858, p. 158 et seq.).

[3] Voir la planche jointe à l'article de M. Lepage.

le module du louis et le type dont j'ai donné plus haut le dessin. La nouvelle pièce, munie d'une bélière, se portait suspendue au cou ou à la boutonnière. La date 17 est suivie d'une petite masse de métal dans laquelle on taillait chaque année les deux derniers chiffres du millésime. L'exemplaire que j'en possède est en cuivre. Dans une brochure qui parut en 1872, à Nancy, sous le titre d'*Enseignes et insignes se rattachant à la Lorraine*, M. A. Benoit a publié ce jeton d'après un autre exemplaire, également en cuivre, et conservé à la bibliothèque de Nancy; il a pensé que le coin de ce petit module avait été gravé en 1744, à l'arrivée du Dauphin. Ce coin semble postérieur à 1751.

Avril 1874.

DEUX STÈLES GRECQUES

N° I

N° II

N° I. L'epithema a 0m28 en hauteur, 0m36 en largeur, 0m14 en épaisseur. Le reste de la stèle, dont la partie supérieure seulement est figurée ici, a 0m59 de hauteur sur 0m35 de largeur. — N° II. Hauteur, 0m47; largeur, 0m25; épaisseur, 0m07.

DEUX

STÈLES GRECQUES

I

Le musée de Bordeaux possède une stèle funéraire en marbre blanc, qui porte l'inscription suivante (voir la planche n° 1) :

ΝΙΚΟΠΤΟΛΕΜΗΠΟΛΙΩΝΟΣ
ΧΡΥΣΙΛΛΑ.

Le creux des lettres n'est presque plus sensible, et il est difficile de décider si quelques traits qui paraissent au commencement de la seconde ligne sont des restes de caractères ou de simples accidents. La position du mot ΧΡΥΣΙΛΛΑ à la fin de la ligne n'implique pas d'une manière absolue qu'il y ait eu primitivement d'autres mots gravés dans l'espace vide aujourd'hui. Un semblable dispositif n'est pas sans exemple[1]. On peut distinguer à la rigueur, après ΧΡΥΣΙΛΛΑ,

[1] Voir notamment l'inscription suivante rencontrée à Athènes (Corp. inscr. graec., n° 599) :

'α φ ι δ ν α ĩ ο [ι]
Κηφισοφῶν Κηφισόδωρος
Ἄνθυλλα.

la trace d'une lettre indécise, peut-être l'initiale d'un ethnique.

Il est facile de reconnaître dans ΠΟΛΙΩΝΟΣ le génitif latin *Pollionis*, altéré par le retranchement de l'une des deux consonnes redoublées ; telle est la parellipse que présente Ἀχιλεύς pour Ἀχιλλεύς [1]. Pollionis se trouve transcrit plus exactement sur une stèle d'Athènes (Αὔλιος Πωλλίονος ἀχαρνεύς) [2].

L'inscription du musée de Bordeaux, contenant un nom d'origine latine, doit être rapportée à la période gréco-romaine. Selon un usage fréquent dans l'épigraphie de cette période, les deux noms ΝΙΚΟΠΤΟΛΕΜΗ et ΧΡΥΣΙΛΛΑ, séparés par le nom du père ΠΟΛΙΩΝΟΣ, peuvent ne s'être appliqués qu'à une même personne ; le nom Χρύσιλλα était assez répandu [3] et fut porté par une Corinthienne que célébra Athénée [4] ; Νικοπτολέμη ne se trouve au contraire que très-rarement [5] et je n'en connais qu'un seul autre exemple, fourni par une inscription découverte à Athènes [6] :

Νικοπτολέμη Νικοκράτους κεφαλῆθεν
Πολυκράτου Κρι[ω]έως γυνή

Nicoptolémé, fille de Nicocratès, était native du dème de Céphalé et avait épousé un habitant d'un autre dème de l'Attique [7]. Il est donc permis de supposer que la fille de Poliôn, qui porte ce nom peu usité de Nicoptolémé, avait

[1] G. Curtius, Grundzüge der griechischen Etymologie, Leipzig, 1869, in-8, 3e éd., p. 116 et note.

[2] Corpus inscriptionum graecarum, n° 603.

[3] Voir Pape, Wœrterbuch der griechischen Eigennamen, 3e édit., 1867, in-8, au mot.

[4] Athénée, X, p. 436.

[5] Pape (Wœrterbuch, au mot Νικοπτολέμη) dit avoir rencontré le masculin Νικοπτολέμος, mais ne se souvient pas où il en a vu la mention.

[6] Rangabé, Antiq. hellén., n° 2202.

[7] Voir Hanriot, Recherches sur la topographie des dèmes de l'Attique, Napoléon-Vendée, 1853, p. 198 et 235.

aussi l'Attique pour patrie [1]. Cette conjecture est confirmée par le caractère artistique du monument. En effet, l'ornementation de la stèle de Bordeaux la rapporte à l'art athénien.

L'epithema présente une belle antéfixe soutenue par des volutes qui s'échappent d'un double système de feuilles d'acanthe ; de chaque côté deux demi-antéfixes, dont les volutes affleurent la plinthe même de l'epithema, dressent leurs palmes jusqu'à mi-hauteur de l'antéfixe principale. Celle-ci est fort élevée et laisse entre elle et les feuilles d'acanthe un vide où l'artiste a placé une fleur épanouie.

L'emploi de l'antéfixe, des volutes et de l'acanthe dans l'epithema des stèles était du reste très-commun en Attique ; les fouilles d'Athènes en ont fourni de beaux spécimens et par exemple l'acrotère sculpté à jour qui décore avec tant de grâce et de légèreté la stèle athénienne d'Agathon d'Héraclée [2].

Les relations maritimes entre la capitale de la Grèce moderne et Bordeaux sont assez fréquentes pour expliquer l'arrivée au musée de cette dernière ville d'un monument découvert en Attique.

[1] Le nom **Νικοπτολέμη** présente, comme presque tous les noms propres composés avec le radical πόλεμ, la paremptose de la dentale muette τ après la labiale π (Μνησιπτολέμα, Plut., Vie de Thémist., 30-32 ; Τριπτολέμα, Corp., nº 4684, etc.). Les exceptions comme **Εὐπολέμος** (Miller, Journal des Savants, janvier 1872, p. 57, nº 21), **Τληπόλεμος** (v. Pape au mot) sont dues à des nécessités d'euphonie. Fréquente dans l'ancienne langue homérique, la paremptose ne fut conservée dans les noms communs que par les poëtes et pour les besoins du mètre (πτόλεμος, πτόλις, χθάμαλος. Curtius, Grundzüge der griechischen Etymologie, p. 453 et suiv. ; Matthiae, Gramm., 1831, 1re partie, p. 75) ; mais elle a persisté généralement dans les noms propres ; elle n'est particulière à aucun dialecte et ne peut par conséquent aider à déterminer la patrie de la stèle de Bordeaux.

[2] Revue archéologique, 1863, nouv. sér., t. VIII, p. 17 et 91 et pl. XIII, nº 3.

La plupart de nos musées de province ne renferment point de monuments grecs. Plus heureuse, la ville de Bordeaux s'était enrichie déjà au dernier siècle de l'inscription funéraire suivante dont on a perdu la trace, mais dont le texte nous a été conservé : **ΛΕΙΨΑΝΑ ΛΟΥΚΙΛΛΗC ΔΙΔΥΜΑΤΟΚΟΥ ΕΝΘΑΔΕ ΚΕΙΤΕ ΗC ΜΕΜΕΡΙCΤΑΙ ΒΡΕΦΗ ΖΩΟΝ ΠΑΤΡΙ ΘΑΤΕΡΟΝ ΑΥΤΗ**, les restes de Lucilla, mère de deux jumeaux, reposent ici ; ses enfants ont été partagés ; le vivant est au père, l'autre à elle [1].

II

Quelque peu d'importance qu'ait la stèle suivante, qui fait partie de ma collection, j'ai cru qu'elle serait bien placée sur la planche qui accompagne cet article (n° 2).

Le monument, de fort petites dimensions, est très-fruste ; un long séjour dans l'eau l'a chargé d'un dépôt siliceux qui en altère les formes ; on distingue encore le défunt représenté sous les traits d'un jeune homme, peut-être d'un enfant, qui tient de la main gauche une rame et de la droite un objet devenu difficile à reconnaître.

L'inscription est ainsi conçue :

ΚΑΛΟΣ ΑΡΙΣΤΟΚΛΗΣ
ΧΡΗΣΤΕ ΧΑΙΡΕ

Καλὸς Ἀριστοκλῆς χρηστὲ
χαῖρε

Elle appartient à la période impériale et ne peut remonter au delà du second siècle.

Janvier 1875.

[1] Corp. inscr. graec., n° 6791.

MÉDAILLES COMMÉMORATIVES

DES

ÉVÉNEMENTS MILITAIRES

ACCOMPLIS

SOUS LE RÈGNE DE HENRI II

1551-1553

DEUXIÈME ARTICLE

AFFAIRES D'ITALIE — DÉFENSE DE PARME ET DE LA MIRANDOLE — RÉTABLISSEMENT DE LA RÉPUBLIQUE DE SIENNE — SURPRISE ET DÉFENSE DE SAINT-DAMIEN

Les troubles, que la constitution féodale entretenait encore en Italie, au XVIe siècle, et qui nécessitaient sans cesse l'intervention des puissances étrangères, avaient fait de la Péninsule le théâtre le plus favorable aux entreprises de François Ier et de Charles-Quint.

Henri II, dans les premières années de son règne, n'avait pu, sous l'étreinte du traité de Crespy, entrer en lutte avec le vainqueur de son père et s'était borné à maintenir par une diplomatie habile l'influence française par delà les monts. En 1551, la situation était changée : le Roi, négociant avec les Princes protestants et méditant de porter la guerre au cœur de l'Empire jugea donc le moment venu de recueillir en Italie les fruits de sa politique. Les événements qui suivirent sont très-complexes[1] ; aussi je n'ai pas voulu les confondre en un seul récit avec ceux qui font le sujet de mon premier article, bien qu'ils aient eu lieu les uns et les autres à peu près dans le même temps. A tout prendre, les menées diplomatiques et la guerre de siéges qui agitèrent l'Italie n'eurent que des relations indirectes avec la grande lutte que soutinrent dans le nord le Roi et l'Empereur.

Au commencement de 1551, les troupes royales tenaient, dans la vallée du Pô, la partie du Piémont enlevée depuis 1536 par l'amiral Chabot au duc Charles III de Savoie et le marquisat de Saluces, réuni à la couronne en 1548. L'occupation, dont le chef-lieu était Turin, s'étendait sur une douzaine de places et une vingtaine de châteaux que défendaient plus de 10000 hommes, formés par des marches ou des exercices constants et disciplinés par des ordonnances plus amples et plus réglées que celles qui s'appliquaient alors[2].

L'armée française, entourée des montagnes infertiles de la Savoie et des terres ruinées de la Provence et du Dauphiné, demandait au pays occupé ses vivres, ses munitions, ses pionniers, même de l'argent; mais ces

[1] Ces événements ne sont exposés dans leur ensemble ni par les chroniqueurs du temps ni par les auteurs d'histoires générales ; je les raconterai avec quelques détails.

[2] Boyvin du Villars, édition Michaud et Poujoulat, p. 47.

contributions étaient fixes et leur régularité était assurée par la protection accordée au laboureur et au marchand.

La prospérité de l'établissement français par delà les monts était due au successeur du vieux prince Caracciolo de Melfi, dans la lieutenance générale pour le Roi, à Charles de Cossé, comte de Brissac, qui, depuis qu'il avait fait son entrée solennelle à Turin, le 20 août 1550, avait si bien fortifié les vieilles bandes, énervées par une longue paix, si bien organisé et fait instruire les nouvelles levées, donné un tel pouvoir aux officiers expérimentés et si justement forcé les jeunes seigneurs à faire leur apprentissage « parmi ces vieux routiers [1] », qu'en ce temps, au dire de Montluc, « pour une escolle de guerre, il ne se parloit que de Piedmont [2] ». Le beau Brissac, « parlant bien mais peu..., noble en tout, de vertu et de race [3] », allait se rendre digne du titre de maréchal, dont le Roi l'avait tout récemment honoré. Il comptait sous ses ordres d'excellents capitaines : Daussun, gouverneur de Turin; Bonnivet, colonel général de l'infanterie française en Italie; Grognet sieur de Vassé, lieutenant au marquisat de Saluces; Prévôt de Sansac, « un des bons hommes de cheval qui fut en France [4] »; Blaise de Montluc, déjà mestre de camp, gouverneur de Montcalier; enfin le colonel général de l'infanterie italienne, Pierre Strozzi, l'homme du monde « qui ordonnoit mieux les battailles et battaillons en toutes formes [5] », celui-là même qui devait contribuer

[1] Boyvin du Villars, édit. citée, p. 54.

[2] Blaise de Montluc, Commentaires, Paris, 1661, in-12, p. 359.

[3] Brantôme, les Vies des grands capitaines françois, édit. publiée sous les auspices de la Société de l'histoire de France, par Ludovic Lalanne, Paris, 1869, in-8, tome IV, pages 61 et 74.

[4] Blaise de Montluc, Commentaires, édit. citée, p. 270.

[5] Brantôme, Vies des grands Capitaines français, édit. citée, t. VI, p. 161.

à la défense de Metz. S'il était alors à la Cour de France, il allait bientôt rentrer en Italie et conduire ses vieilles bandes à la délivrance de Parme.

En dehors du Piémont, mais toujours dans la vallée du Pô, les troupes royales occupaient la place de la Mirandole, l'une des plus fortes du nord de l'Italie, et qui était devenue « la retraicte du remuëment et le magazin militaire des François [1] ». Elle protégeait le recrutement des Italiens [2] qui s'enrôlaient au service du Roi et tenait en respect Bologne, ville libre, mais incapable avec ses propres forces non-seulement de se défendre, mais de fermer la route qui, par la Romagne, donnait accès dans les États de l'Église.

Par son étendue, par la richesse du pays occupé, l'établissement des Impériaux, au nord de la Péninsule, était bien supérieur à celui des Français.

Le Milanais, « la plus foisonnante estape que l'Empereur ait point en Italie pour y entretenir la guerre », obéissait, depuis 1546, à un homme d'un grand courage, qui avait commandé les Impériaux en Italie, en Sicile, dans les Pays-Bas, en Hongrie et contre les Protestants, don Ferrand Gonzague, comte de Guastalla et puîné de la maison de Mantoue. Sa prévoyance dans l'administration, sa fermeté dans le maintien de la discipline, jointes au prestige que lui donnaient la noblesse de sa taille, sa grande adresse, sa valeur, sa magnanimité pour les siens et sa dureté pour

[1] Boyvin du Villars, édit. Michaud et Poujoulat, p. 21.

[2] On voit (Mémoires de Guillaume et Martin du Bellay, édition Michaud et Poujoulat, p. 397, 432 et 538) des recrues se concentrer à la Mirandole, pour le service de la France, malgré les lansquenets allemands, qui se tenaient vis à vis de la ville, de l'autre côté du Pô.

l'ennemi, faisaient de lui un rival digne de Brissac. Don Ferrand, capitaine général et lieutenant pour l'Empereur, était secondé par de bons capitaines, entre autres Jean Jacques Medichino, châtelain du château de Muz. Medichino se faisait appeler marquis de Marignan, mais ce marquis « s'entendoit fort bien aux gens de pied, et avoit plus exercé cette conduicte que de cheval[1] ». A la tête de l'infanterie italienne[2], il rendit, par son aptitude à manier l'artillerie, de grands services à don Ferrand, qui s'était plus appliqué à la direction de la cavalerie légère.

Non-seulement les Espagnols s'étaient bien fortifiés dans le Milanais, mais ils avaient étendu leur domination au dehors. S'avançant à l'ouest, ils avaient pénétré en Piémont jusqu'à la Doria Baltea, tandis que, au sud, ils avaient occupé les riches collines du Montferrat et de l'Astizane, couronnées, en face de la frontière française, par les places de Casal, Albe, Saint-Damien et Asti. Ces places bravaient les travaux d'approche et les mouvements de la grosse artillerie par leur situation élevée, aussi bien que par la nature du sol si argileux « que quand il a pleu un jour seulement, on ne peut aller par pays à pied ny à cheval, tant la terre est glissante[3] ».

L'Empereur, en outre, dominait au Plaisantin depuis 1547 ; mais, pour que sa prépondérance fût assurée sans conteste au nord de l'Italie, il avait besoin de posséder aussi le Parmesan qui, joint au Plaisantin et au Milanais, aurait barré tout le bassin du Pô.

[1] Brantôme, édit. Lalanne, t. I, p. 295.

[2] C'est le marquis de Marignan qui commanda, en 1552, toute l'infanterie italienne devant Metz.

[3] Boyvin du Villars, édit. citée, p. 50.

Ce sont les secrètes menées de Charles-Quint au sujet de Parme qui furent le prétexte de la guerre soutenue sur le sol italien par les Impériaux et les Français, durant les années 1551 et 1552. Peu considérable, à ne la juger qu'au détail des événements militaires, la lutte grandit par la manière dont elle fut conduite. A défaut de forces importantes à mettre en présence, les deux partis avaient déployé une intelligence et une subtilité singulières dans les ruses de la diplomatie, qui furent leurs armes les plus puissantes. L'élaboration de la guerre fut donc plus longue, plus intéressante que la guerre elle-même et il n'est pas possible d'exposer clairement le récit des faits militaires si l'on n'a fait connaître d'abord les négociations qui les précédèrent.

Parme et Plaisance étaient demeurées, jusqu'à la chute des Sforza, dans le domaine des ducs de Milan, et cette longue attache fournit aux possesseurs successifs du Milanais un prétexte pour revendiquer les deux duchés : c'est ce qu'avait fait Louis XII; c'est ce que fit Charles-Quint, après avoir réuni le Milanais à l'Empire, en 1535; mais sa revendication ne fut pas efficace, car, en horreur des maîtres étrangers, Parme et Plaisance s'étaient données au Saint-Siége et lui restaient fidèles. L'Empereur, n'osant agir à force ouverte contre la Papauté dont il se déclarait hautement le protecteur naturel, fut réduit à attendre du temps et surtout de la ruse le triomphe de ses prétentions. Aussi, lorsque, en 1545, Alexandre Farnèse, pape sous le nom de Paul III, eut détaché du domaine de l'Église Parme et Plaisance et les eut inféodées à son fils Pierre-Louis, Charles-Quint ne s'opposa-t-il à cette aliénation que faiblement; il se borna, pour infirmer en droit la donation, à proclamer que le Saint-Père disposait de villes qui appartenaient à l'Empire. En fait, Charles-Quint aimait mieux avoir désormais à disputer sa proie à un petit souverain sans armée, qu'au Saint-Siége défendu par le prestige de son caractère sacré. Poursuivant en secret ses projets ambitieux, il laissa son capitaine général, don Ferrand susciter une révolution qui coûta la vie à Pierre-Louis Farnèse (10 septembre 1547) et qui permit enfin aux Espagnols de pénétrer dans la citadelle de Plaisance. Don Ferrand fit en même temps une tentative sur Parme ; mais les habitants de cette cité, dans leur crainte de l'oppression impériale, surent, à l'aide de quelques troupes pontificales, se conserver au Saint-Siége et à l'héritier de Pierre-Louis, Octave Farnèse [1]. En vain, après la mort de Paul III, en 1549, l'Empereur offrit-il au nouveau Pape, en échange de Parme, d'immenses domaines situés dans le royaume de Naples, Jules III, élevé au pontificat par la faction des Farnèse, s'empressa de renouveler, en faveur d'Octave, l'inféodation du Parmesan. A défaut d'un échange, l'Empereur voulut au moins se faire substituer au jeune Duc comme feudataire du Saint-Siége ; il ne réussit pas davantage : Jules III repoussait un vassal plus puissant que lui.

Le fidèle interprète de la politique impériale, celui qui

[1] Pierre-Louis Farnèse avait laissé cinq enfants, auxquels leur grand-père Paul III avait préparé une haute fortune. Deux des quatre fils, Alexandre et Rainuce, cardinaux malgré leur jeunesse, chefs de la faction Farnèse dans le Consistoire, prirent une part active à l'action diplomatique qui précéda la guerre de Parme; un autre, Horace, que les auteurs de l'Art de vérifier les dates (1819, in-8, t. XVII, p. 286) considèrent comme un bâtard, s'était attaché à la Cour de France, où il allait épouser la fille naturelle de Henri II, Diane d'Angoulême. Celui qui devait hériter du duché, Octave, semblait plutôt appelé à suivre la fortune impériale ; il avait reçu en mariage la fille naturelle de Charles-Quint, Marguerite d'Autriche.

avait conduit toutes les intrigues, don Ferrand Gonzague, ne pouvait plus compter sur la ruse pour acquérir Parme ; il décida l'Empereur à employer la force. Il ne fallait pas attendre que le duc Octave eût eu le temps de mettre son patrimoine en bon état de défense ; don Ferrand entra donc en campagne, dès la fin de 1549. En 1550, il avait déjà enlevé et fortifié plusieurs places du Parmesan, se rendant ainsi maître des routes que devaient suivre les convois de vivres et les renforts destinés à la ville.

Les positions ainsi prises dans le Parmesan, don Ferrand s'arrêta. Charles-Quint avait jugé que s'il laissait engager plus avant les opérations militaires, ce serait montrer clairement au Pape qu'elles avaient Parme pour objet, et le pousser à prendre les armes en faveur de son vassal. L'Empereur imagina donc de brouiller le Saint-Père et le duc Octave, de les armer l'un contre l'autre afin de se ménager l'occasion d'intervenir et de se faire, grâce au trouble qui suivrait la querelle, une belle part. Le duc de Parme, sacrifié dans ce projet, était cependant le gendre de Charles-Quint.

Dès lors, les ministres de l'Empereur s'attachèrent à souffler la discorde entre Jules III et les Farnèse ; ils trouvèrent de puissants auxiliaires dans la famille du nouveau pape, jalouse de l'état que tenaient en Italie les petits-fils du précédent pontife. Jules III était « d'assez douce conversation, aisé à manier et à diversement esbranler[1] » ; il se laissa entraîner par ses deux neveux, Jean-Baptiste del Monte et Ascagne de la Corne, qu'avaient séduits « les belles fardées et remonstrances de l'Empereur » ; il crut, comme on le lui persuadait, qu'il y avait péril à laisser une place du Saint-

[1] Boyvin du Villars, édit. citée, p. 20.

Siége aussi importante que Parme entre les mains d'un feudataire trop faible pour la défendre. Amené ainsi à demander au duc Octave la restitution du Parmesan, n'offrant en retour que Nepi et Camerino, c'est-à-dire une seigneurie particulière en échange d'une souveraineté, il subit un refus. Malgré sa colère, il négocia longuement, espérant obtenir la soumission du rebelle sans engager une guerre dont il redoutait les dépenses excessives ; mais, indécis, ne sachant faire à temps aucune concession, il poussa si bien à bout le duc Octave, que ce jeune prince, voulant avant tout conserver ce qui lui restait de son patrimoine, invoqua et acquit la protection du Roi de France. Dès le mois de février 1551, les choses en étaient venues à un point tel, qu'elles ne pouvaient plus se dénouer que par les armes. Le Saint-Père menaça Octave d'excommunication, déclara sa personne convaincue de lèse-majesté et ses biens confisqués ; mais ces censures ne firent que pousser le rebelle plus avant dans l'alliance française.

Henri II, de son côté, avait été heureux « de trouver ce pont pour passer avec apparence de justice en Italie [1] ». Le cardinal de Tournon, ambassadeur du Roi près du Saint-Siége, fut chargé de conduire discrètement avec les Farnèse des négociations qui aboutirent à un traité secret, signé, le 27 mai 1551, à Amboise, entre le cardinal de Lorraine, le duc de Guise, le maréchal de Saint André et le connétable de Montmorency au nom du Roi, et Horace Farnèse au nom du duc Octave son frère. Henri II s'engageait à fournir au Duc, outre une pension de 4000 livres, un corps composé de 1500 hommes d'in-

[1] Gaspard de Saulx, seigneur de Tavannes, Mémoires, édit. Michaud et Poujoulat, p. 153.

fanterie et d'une compagnie de chevau-légers. Le commandement, sous la haute direction du Duc, devait être exercé par M. de Termes ; ce dernier avait été précédemment « envoyé à Rome sous tiltre et couverture d'ambassade, mais en effect pour servir de chef à ceste guerre parmesane[1] ».

Dans ce conflit, réduit encore aux proportions d'un différend entre le Pape et son vassal, Charles-Quint devait intervenir comme protecteur naturel du domaine de Saint-Pierre ; aussi Jules III l'avait-il requis de prêter main forte à l'Église. Quant à Henri II, il prétendait n'agir que comme défenseur d'un affligé et affirmait hautement que, loin de se déclarer l'ennemi du pape, il ne prenait les armes que pour préserver Parme des mauvaises intentions de l'Empereur et la conserver au Saint-Siége. La politique des deux véritables adversaires, l'Empereur et le Roi, consistait ainsi à dissimuler sous des apparences de magnanimité l'intérêt personnel qui les faisait agir.

Cependant Charles-Quint avait fait exciter Jules III non-seulement à faire rentrer Parme dans la directe de l'Église, mais encore à réclamer la Mirandole, qui conservait depuis 1536 des garnisons françaises. La Mirandole n'était qu'en séquestre entre les mains du Roi de France et, suivant une clause du traité de Nice, c'était au Pape qu'avait été réservé le droit de donner une décision suprême sur le sort de cette place. Réclamant la Mirandole pour le Saint-Siége[2], Jules III se prépara avec une extrême activité

[1] Boyvin du Villars, édit. citée, p. 30 ; cf. p. 24.

[2] En 1533, un descendant des Pic, Jean-François, dominait à la Mirandole, lorsqu'il fut poignardé, au pied d'un crucifix, par un neveu, Galeotto ; celui-ci s'empara des domaines de son oncle ; mais un fils de la victime revendiqua

à soutenir par les armes cette prétention nouvelle en même temps que sa revendication sur Parme.

C'est ainsi qu'il ouvrit les hostilités. Il confia au capitaine général de Charles-Quint la direction de toute la campagne; don Ferrand, ayant reçu le gonfalon de l'Église, devait désormais combattre au nom du Saint-Siége et, secondé par les troupes pontificales, il allait diriger au profit de l'Empereur une guerre dont tout l'odieux retombait sur Jules III. Dès lors, et surtout lorsque Ascagne de la Corne lui eut amené la fleur des troupes de l'Église, il pressa vigoureusement l'investissement de Parme.

L'envoi des secours promis par Henri II au duc Octave devenait très-périlleux. On entrait en juin et les habitants de Parme, mal approvisionnés, avaient fait représenter au Roi qu'ils seraient bientôt forcés de capituler, si une diversion

bientôt le patrimoine usurpé. L'Empereur semblait vouloir tirer avantage de cette querelle. Galeotto redoutait les conséquences de son crime; il était sans troupes, sans alliances et ne pouvait disputer heureusement ses places à son cousin ni les défendre de la convoitise impériale; il les ouvrit au Roi de France, dont la protection fut bientôt efficace. Au traité de Nice, en 1538, le pape Paul III, n'omettant rien pour amener la pacification de la Chrétienté, accorda à François Ier la cessation de toutes poursuites contre le meurtrier de Jean-François et il détermina Charles-Quint à consentir à la clause suivante : on convint que le différend entre Galeotto et son cousin serait déféré au Pape, qui, en attendant le jugement, placerait la terre en litige sous le séquestre de la France. Tous les intérêts semblaient conciliés; mais, en fait, Paul III, qui s'était réservé la suprême décision de cette affaire, considérait le comté de la Mirandole comme confisqué au profit de l'Église; il n'avait remis ce comté à la France qu'en dépôt, jusqu'à ce qu'il eût décidé lequel des deux adversaires il prendrait pour feudataire. L'Empereur nécessairement en jugeait de même; mais François Ier s'était établi à la Mirandole comme dans un protectorat; aussi, lors des préliminaires pour la paix de Crespy, en 1544, les choses étaient telles qu'il n'y eut plus d'entente possible sur cette affaire; on résolut de la négliger. La Mirandole était donc demeurée, par le fait, sous la domination française; mais la revendication, telle qu'elle était inspirée au Pape, en 1551, pouvait en quelque sorte se justifier.

heureuse ne venait leur permettre, en éloignant l'ennemi, de faire une bonne partie de leur récolte.

La Mirandole n'était pas encore attaquée et c'est de cette place que le Roi espérait pouvoir le plus facilement faire partir des secours. Elle était devenue le grand centre d'action. C'est là qu'au premier bruit de guerre, avait été envoyé en hâte, pour y lever de la cavalerie, Horace Farnèse, frère du Duc assiégé, et qu'étaient venues se reformer les vieilles bandes italiennes de Strozzi, détachées du Piémont ; c'est là aussi qu'était arrivé, au sortir de Rome, de Termes, porteur des instructions du Roi, et qu'était accourue de France une belle troupe de noblesse, « environ deux cens que gentilshommes, que soldats françois ; lesquels, à la nouvelle de ce futur remuëment, estoient passez en Italie en habit desguisé, parmi lesquels il y avoit des personnages de marque, les sieurs de Sansac, Dandelot, de Cypierre, etc. [1] ». De son camp, assis à San Antonio, à deux milles au-dessous de la Mirandole, la petite armée allait ravager le territoire de Bologne ; elle se montrait si audacieuse et si inquiétante, que le Pape résolut de la rejeter sous les murs de la Mirandole et de l'enfermer dans un investissement rigoureux. Il confia cette importante mission aux troupes pontificales qu'il enleva à don Ferrand et qu'il fit revenir du Parmesan. L'armée royale réunie à la Mirandole avait donc réussi à attirer sur elle une partie des troupes alliées. C'était un premier succès, car Parme, défendue par un château médiocre, mal pourvue d'engins de guerre et de munitions, n'aurait pas soutenu l'effort combiné des Espagnols et des soldats pontificaux.

[1] Boyvin du Villars, édit. citée, p. 32.

Le Roi, ne voulant pas abandonner le salut d'une place d'où dépendait l'issue de la guerre à un jeune prince inexpérimenté, avait envoyé à de Termes et à Strozzi l'ordre de quitter la Mirandole, dont la force le rassurait, et de se jeter dans Parme. De Termes ne put exécuter cet ordre; il resta pour faire face aux troupes papales, qui, plus redoutables qu'on ne le pensait à la Cour, brûlaient, par représailles, les abords de la Mirandole. Quant à Strozzi, il sortit, le 2 juillet, malgré l'investissement; il était suivi de presque toute la noblesse réunie dans la place et de ses vieilles bandes bien reconstituées et fortes alors de 1500 hommes, les meilleures de l'armée royale en Italie. Dans une marche heureuse, le colonel général traversa le territoire de Reggio et passa si rapidement la Enza, dont les eaux couvraient Parme, qu'il prévint le marquis de Marignan, envoyé par don Ferrand pour défendre le pont. Il entra dans Parme, en passant au milieu des divers corps qui tenaient les châteaux d'alentour et commandaient les passages. Parme eut dès lors, sans compter les forces du duc Octave, 2000 hommes de pied bien choisis et 250 chevau-légers. Mais peu après, dans une sortie malheureuse, d'Andelot, de Sipierre et presque toute la noblesse française amenée par Strozzi furent faits prisonniers. A cet échec se joignaient les inquiétudes que donnait dans la place l'état des vivres et des munitions. Non-seulement Octave avait négligé les approvisionnements et la plus grande partie en était perdue ou fort endommagée, mais même il n'avait mis aucun soin à faire la récolte, bien qu'après le départ des troupes pontificales il en eût eu tout le loisir [1]. De Termes reçut donc une

[1] Ribier, Lettres et Mémoires d'Estat, Blois, 1666, in-f°, t. II, p. 338 et 342.

seconde fois l'ordre de venir se jeter dans Parme et d'y établir un commissaire des vivres. Cette fois la volonté du Roi fut exécutée et de Termes entra dans la ville avec une si belle provision d'argent que de longtemps il ne fut faute de rien. Il avait laissé le commandement de la Mirandole à Sansac, qui devait s'y conduire assez heureusement pour que le Roi l'honorât de son ordre.

Henri II sentait bien que le seul moyen de venir en aide aux deux places assiégées était d'attirer don Ferrand en Piémont; une diversion fut donc résolue. Déjà, au commencement de juin 1551, alors que les Espagnols et les troupes du Pape étaient réunis dans le Parmesan, le Maréchal avait eu la mission de prendre une attitude menaçante pour les forteresses que les Impériaux tenaient en Piémont et au Montferrat; mais comme il lui était interdit d'en venir à des actes d'hostilité de nature à engager directement la guerre avec l'Empereur, l'effet produit par de simples démonstrations avait été nul ou à peu près nul; don Ferrand en avait ressenti si peu d'alarme, que non-seulement il était demeuré autour de Parme, mais qu'il avait continué à dégarnir les places piémontaises pour renforcer son armée. Cependant, en septembre, la chute de Parme était devenue trop à craindre pour que le Roi pût conserver la même réserve. Il se résolut donc à une action plus directe et ordonna à son lieutenant-général de « preparer toutes choses le plus advantageusement qu'il pourroit, pour donner commencement à la guerre, et par quelque si honneste pretexte que l'ouverture en fust plustost attribuée aux Imperiaux qu'aux François ». Une légère dispute ménagée entre deux garnisons voisines amena l'échange de quelques volées de coulevrine. Or, les Impériaux avaient lancé le premier boulet ! La guerre ouverte entre le Pape et son feudataire allait s'étendre aux deux grandes puissances qui l'avaient fomentée.

Brissac était prêt. Dans la nuit du 3 au 4 septembre, il dirigea simultanément trois expéditions contre les places impériales de Chieri, Cherasco, Saint-Damien. La première, mal défendue par une petite roquette et par une garnison réduite, fut enlevée en deux jours ; l'assaut de Cherasco ne put être tenté, mais la surprise de Saint-Damien réussit pleinement. Depuis longtemps les avenues de cette place étaient reconnues, la hauteur de ses murailles mesurée, ses points faibles découverts. Le capitaine italien qui commandait à la Cisterne, château qui dominait Saint-Damien, était gagné ; il facilita l'entreprise. Le sieur de Vassé, chargé de l'exécution, arriva avec sa compagnie de 50 hommes d'armes et 800 hommes de pied au bas des murailles, deux heures avant le jour, lorsque les sentinelles n'étaient pas encore placées ! Les échelles furent dressées, puis « monterent les capitaines les premiers : et avant qu'homme de la ville s'en apperceust, la moitié de nos gens estoient dedans[1] ». Ils entrèrent au cri de France ! Liberté ! C'était la formule qui dissimulait alors les conquêtes sous l'apparence d'un affranchissement[2]. Les habitants, peu intéressés aux changements de maîtres, attendirent paisiblement dans leurs maisons l'issue de la journée, tandis que deux coulevrines braquées contre le château décidèrent

[1] Blaise de Montluc, Comment., édit. citée, p. 271.

[2] Depuis Charles VIII, cette formule avait fait le succès des conquérants (Phil. de Comines, édit. Michaud et Poujoulat, p. 181) ; c'est celle que Henri II plaça en tête de son manifeste (Voir plus haut, page 61).

la garnison à se rendre bagues sauves [1], sans attendre le secours qu'elle pouvait aisément avoir d'Asti.

La prise de plusieurs autres châteaux de moindre importance suivit ces premiers avantages et les forces françaises s'avancèrent si près des places impériales d'Asti, de Lanzo et d'Albe, que don Ferrand, cette fois vivement alarmé, se hâta de quitter le Parmesan avec 6000 hommes de pied et 1200 chevaux. La diversion avait entièrement réussi ; l'investissement de Parme n'était plus complet et Strozzi, chargé d'une sortie, avait pu si bien profiter du départ de don Ferrand et donné si vigoureusement sur la queue des ennemis en marche, qu'il en avait défait 7 à 800.

La Cour de France, en même temps, ne négligeait rien pour ébranler l'esprit inconstant de Jules III. Par une déclaration, enregistrée le 7 septembre 1551 et publiée par les carrefours à son de trompe, le Roi défendit de porter à Rome, pour l'achat des provisions, dispenses, bulles, grâces, etc., aucun argent par quelque voie ou sous quelque prétexte que ce fût [2]. Le Pape, qui avait « emprunté de Dieu et de sa Mère » pour faire cette « belle levee de boucliers [3] », fut frappé d'impuissance et se hâta, tout en maintenant ses troupes devant la Mirandole, de ménager des ouvertures de paix.

Bien que don Ferrand eût laissé autour de Parme le marquis de Marignan avec assez de troupes pour maintenir l'investissement sinon le blocus, bien que l'Empereur fît

[1] Boyvin du Villars, édit. citée, p. 37.

[2] Ribier, Lettres et Mémoires d'Estat, t. II, p. 344 à 346.

[3] Lettre de Forquevaux, en date du 7 octobre 1551, publiée par Ribier, Lettres et Mémoires d'Estat, p. 354.

descendre du Wurtemberg et du Tyrol 6000 hommes de pied et 1500 reîtres, Parme semblait sauvée. Les lignes ennemies desserrées laissèrent parvenir des convois de vivres aux assiégés et lorsque, le 15 novembre 1551, les renforts arrivèrent d'Allemagne, Parme était pourvue de façon à soutenir longtemps l'effort de l'ennemi. Dès lors, et jusqu'à la levée du siége, les opérations militaires eurent peu d'importance, ainsi qu'on va le voir, et le grand rôle passa à la diplomatie.

En vain le marquis de Marignan, qui depuis le départ de don Ferrand avait la direction du siége, essaya-t-il avec les secours envoyés par l'Empereur de serrer Parme de plus près ; il changea son camp, mais pendant les vingt jours qu'il passa à se fortifier dans sa nouvelle position, les assiégés ne cessèrent de tirer sur lui et lui firent éprouver de grandes pertes. Il ne put empêcher plusieurs villes du Parmesan d'être reprises. N'ayant plus d'espérance que dans la ruse, il gagna deux seigneurs italiens, qui devaient faire entrer un à un dans la place des Espagnols « vestus en contadins et portant sur le col un sac de sel et de bled[1] ». La trahison découverte coûta la vie aux deux traîtres (2 février 1552). Lorsque Horace Farnèse, sortant de Parme, se fut rendu maître des places de l'Apennin et en eut tiré des vivres, lorsqu'enfin les forces des assiégés se furent augmentées, de Termes put répondre du succès. Déjà Strozzi, jugeant le salut de la ville assuré, était revenu en France.

La Mirandole, bravement défendue par Sansac, résista, bien qu'elle fût battue par huit grands ouvrages de campa-

[1] Boyvin du Villars, édit. citée, p. 75.

gne et cinq petits, et enserrée par des tranchées doubles si bien gardées, qu'il était impossible de « recouvrer de chair fraische pour soulager les plus débilitez[1] ». Au commencement de l'année 1552, la garnison avait encore du pain, du vin, du riz, des pois, des fèves, du fromage et du lard pour huit mois ; une ruse avait fait entrer un troupeau de porcs. Sansac faisait tous les jours de braves et heureuses sorties. Une de ces sorties, dirigée pour favoriser le passage d'un émissaire envoyé au Roi, détermina un combat dans lequel le neveu du Pape, Ascagne de la Corne, eut son cheval tué sous lui ; une autre fit entrer dans la place une enseigne d'infanterie italienne, que le sieur de la Roche-Posaye amenait du territoire de Venise. L'attitude des assiégés empêchait donc l'assaut et la place était pourvue contre la famine ; aussi le renfort que la garnison venait de recevoir, acheva-t-il de déconcerter le Saint Père, qu'effrayaient les dépenses toujours croissantes de la guerre. Il n'y avait pas de mois qui ne lui coûtât sept mille écus, sans compter les autres dépenses nécessaires à la garde du pays[2].

Depuis qu'en publiant la défense de porter à la Cour de Rome l'argent du royaume, Henri II avait prouvé son extrême résolution, Jules III n'avait pas cessé de faire des tentatives pouvant aboutir à la paix ; mais le Roi, sûr désormais du salut de Parme et de la Mirandole, avait intérêt à traîner les négociations en longueur, il savait qu'il pourrait exiger des concessions d'autant plus grandes que la lassitude et la ruine du Pape seraient plus complètes. Il voulait en même temps profiter des incertitudes ordinaires de

[1] Boyvin du Villars, édit. citée, p. 64.
[2] Ribier, Lettres et Mémoires d'Estat, t. II, p. 354.

Jules III pour « mettre les Imperiaux en jalousie de Sa Sainteté et elle en méfiance d'eux[1] ». Aucun homme n'était plus capable de conduire cette négociation et d'exécuter le plan adopté par la politique du Roi que le cardinal de Tournon. De Venise, où il s'était retiré après la rupture avec le Saint Père, il avait ouvert des négociations. Chargé de venir les terminer à Rome, il eut pour mission surtout de gagner du temps et, tout en consentant à la paix, d'en réserver la signature à un moment opportun. Il ne dépendait plus d'ailleurs, du Saint Père seul d'assurer le repos de toute l'Italie, puisqu'il n'était plus maître de disposer de Parme sans le consentement de l'Empereur ; aussi le cardinal de Tournon dut-il user d'un expédient pour profiter des dispositions pacifiques de Sa Sainteté et, réservant l'affaire de Parme, il imagina de conclure pour deux années une trêve, en vertu de laquelle Jules III, « père commun et neutral », reconnaissant Sa Majesté pour « bon fils du Siége apostolique[2] », s'engageait à ne rien innover contre les Farnèse et à retirer ses troupes de la Mirandole. Ce n'était qu'une suspension d'armes, mais elle atteignait le but : l'Empereur était isolé en Italie par la perte de son allié ; de plus, les Impériaux massés autour de Parme allaient être menacés par la petite armée royale que la levée du siége de la Mirandole laissait libre. Charles-Quint ne pouvait jeter des forces considérables en Italie ; il n'en avait même pas assez en ce moment pour combattre les Princes protestants et pour s'opposer à la marche de Henri II qui, de Metz, s'avançait vers l'Alsace. On pouvait

1 Instructions envoyées de Blois, par le Roi, le 23 décembre 1551, et publiées dans les Lettres et Mémoires d'Estat, Ribier, t. II, pages 360 à 363.

2 Ribier, Lettres et Mémoires d'Estat, t. II, p. 389.

croire que, dans cette situation, il serait forcé d'adhérer à la trêve et qu'il demeurerait brouillé avec Jules III, qui suscitait par son abandon tant de difficultés à la Cour d'Espagne.

En échange de tels avantages, le Roi rendait seulement la liberté d'expédier de l'argent à Rome. Ce fut le vendredi saint, en congrégation générale, que Sa Sainteté, délivrée de la tyrannie d'un ambitieux par la mort de Jean-Baptiste del Monte, tué le 9 avril et demeuré « pour les gages [1] » sous les murs de la Mirandole, déclara qu'elle considérait la suspension d'armes avec la France comme une paix définitive. Les signatures furent données, le 29 avril 1552, lorsque le cardinal de Tournon eut reçu le pouvoir du Roi ; un délai de quinze jours avait été fixé pour que l'Empereur fît connaître s'il voulait être compris dans la trêve ; cette clause limitative fut introduite par le cardinal de Tournon pour éviter les ajournements familiers à la politique impériale. Le dernier jour du délai, Charles-Quint envoya sa ratification. Il s'avouait vaincu.

La levée du siége de Parme, qui ne fut pas le moindre des échecs que la fortune avait réservés à l'Empereur, en cette année 1552, grandit l'influence de la France en Italie et rendit plus facile la tâche du cardinal de Tournon, qui excitait alors secrètement les Siennois à se délivrer du joug impérial et à accepter la protection française.

Sienne, bien que naturellement très-forte par les hautes montagnes qui l'entourent, était, comme toutes les petites républiques d'alors, incapable de se défendre elle-même et n'avait mis sa liberté à l'abri des menées des Florentins et

[1] Boyvin du Villars, édit. citée, p. 90.

des convoitises des papes, qu'en acceptant le patronage des rivaux étrangers qui se disputaient l'Italie. Mais les protecteurs tendaient de plus en plus à devenir des maîtres, à mesure que leur protection lointaine faisait place à une intervention effective, devenue en quelque sorte nécessaire pour réprimer les excès des factions intestines. En 1547, les troubles civils furent si graves à Sienne, que le Conseil se vit réduit à confier la sûreté de la ville à une petite garnison espagnole que commandait Diego Hurtado de Mendosa. « Aussi glorieux et superbe qu'un autre eust sceu estre [1] », mais politique souple et rusé, don Diego se fit des créatures dans le Conseil, auquel il arracha une à une les franchises dont la « cité vierge [2] » s'enorgueillissait. Ainsi les magistrats de Sienne n'avaient accepté que 300 Espagnols et s'étaient réservé les clefs des portes et le service du guet. Don Diego obtint d'augmenter la garnison de 100 hommes et, s'attribuant le guet et la surveillance générale, il fit remettre les clefs des portes aux mains des capitaines espagnols. Selon les conventions, un quart seulement de la garnison devait être soldé par les habitants et le reste par l'Empereur. Don Diego fit renverser la proportion ; puis, abusant de la bonne foi du Conseil, il lui représenta combien la garnison était onéreuse aux habitants et le décida à envoyer vers l'Empereur une députation chargée de demander que les soldats espagnols fussent dispersés dans les ports de la maremme siennoise, Porto Ercole, Orbitello, etc., et que l'on pourvût à la sûreté des habitants par la construction d'une citadelle ; elle fut bientôt commencée. Les dépenses

[1] Blaise de Montluc, Comment., édit. citée, p. 348.

[2] André de la Vigne, Histoire du Voyage de Naples. édit. Michaud et Poujoulat, t. V, p. 548.

à faire pour les nouvelles fortifications devaient être partagées. Enfin, encouragé par la réussite de ses premières tentatives, don Diego se décida à réduire tout l'État de Sienne au pouvoir de l'Empereur. Il changea donc le gouvernement de la République et la mit sous le régime de quarante conseillers, nommés moitié par l'Empereur et moitié par les habitants, et, au lieu d'envoyer au loin la garnison, il conserva 2000 hommes de pied, tant dans la ville que dans ses environs [1]. Mais il avait dépassé le but et dès 1548 il était devenu odieux. Ceux des Siennois qui n'étaient pas vendus à l'Empire députèrent un gentilhomme à l'ambassadeur du Roi à Rome; ils suppliaient Sa Majesté d'avoir compassion de l'état où ils étaient tombés, de les secourir et de les entretenir en leurs libertés ; ils lui promettaient en retour que la République serait à perpétuité « enclinée et affectionnée à son service ».

Le moment d'agir n'était pas venu pour le Roi ; ce fut seulement en 1551 que le cardinal de Tournon fut chargé de s'entendre avec les Siennois ; il trouva la plus grande partie du peuple favorable à la France, en haine de la tyrannie impériale, qui devenait de plus en plus insupportable. Mais il fallait surprendre la garnison étrangère. L'entreprise, élaborée pendant plus d'un an, demeura si secrète, « que l'effet s'en est plustost veu que la pratique et l'exécution [2] ». Des émigrés siennois, réunis dans des fiefs de l'Église, furent suscités par les émissaires français, pendant que don Diego était à Rome, vinrent se présenter brusquement, le soir du 27 juillet, aux portes de Sienne et pénétrèrent dans la ville au cri de Liberté, en excitant le peuple à la dé-

[1] Ribier, Lettres et Mémoires d'Estat, t. II, p. 169 et 172.

[2] Ribier, Lettres et Mémoires d'Estat, t II, p. 424.

fense de ses priviléges. La garnison espagnole n'était pas nombreuse, mais elle était bonne ; courageusement engagée par ses capitaines, elle n'abandonna que pied à pied les rues et les places aux habitants insurgés. A minuit, ne voyant pas arriver les secours qu'elle attendait des garnisons voisines, elle se retira dans la citadelle. Ce retranchement ne renfermait que peu de vivres et n'abritait pas encore les soldats contre le canon ennemi. Des troupes entretenues par le Roi aux environs de Sienne, en prévision des événements, arrivèrent en toute hâte et aidèrent le peuple à isoler la citadelle par des tranchées et des terrassements ; de Termes et le cardinal de Ferrare assemblaient des gens de guerre à la Mirandole et au Parmesan ; cet appareil de forces inquiéta le duc de Florence, qui, feignant d'ignorer que l'insurrection était une entreprise du Roi, avait envoyé 500 hommes pour soutenir les Espagnols. Côme de Médicis rappela ses soldats et facilita un traité pour la reddition de la citadelle, qui fut évacuée le 2 août 1552.

Le pays de Sienne offrait par terre et par mer de grandes ressources ; sa perte fut un nouvel et sensible échec pour Charles-Quint. La cause impériale en Italie allait subir, dans la guerre de siéges que don Ferrand Gonzague poursuivait en Piémont, bien d'autres atteintes.

Après avoir quitté le siége de Parme, don Ferrand était arrivé, à la fin de 1551, en Piémont, afin de reprendre les places conquises par le maréchal de Brissac ; mais il n'avait pu, malgré toute son habileté, tenir sérieusement la campagne. Les pluies qui signalèrent en Italie le commencement de l'année 1552 avaient rendu impossible l'établissement d'un camp et le transport du matériel de siége. Le capitaine général, après s'être arrêté quelque temps, mais en vain, autour d'Albe, se présenta enfin, le 10 octobre 1552, devant Saint-Damien. C'était neuf jours avant que le duc d'Albe arrivât avec les Impériaux sous les murs de Metz. Petite et fort commandée par des hauteurs voisines, la place de Saint-Damien n'avait que 1500 hommes de pied, 150 chevaux et 50 gentilshommes volontaires à opposer aux troupes de don Ferrand, composées de 6000 Italiens, 4000 Espagnols, 1200 chevau-légers et 400 hommes d'armes. Cette armée poussait activement les travaux du siége et battait les murailles avec dix-huit canons et quatre coulevrines auxquels le feu de la place répondait mal, faute de munitions, les poudres qui avaient été amassées s'étant gâtées. Le gouverneur du château de la Cisterne fut chargé par le maréchal de Brissac de faire parvenir aux assiégés des munitions, mais il échoua; heureusement, le lendemain, Montluc survint à propos et dirigea avec son bonheur habituel l'opération mal commencée; malgré les neiges, l'encombrement des chemins et la vigilance de l'ennemi, le convoi entra dans la place[1].

Don Ferrand avait eu recours aux mines : deux galeries, poussées jusqu'à l'enceinte, se trouvèrent aussitôt détruites par des contre-mines ; deux batteries de brèche ouvrirent leur feu tout près de la place, mais ne purent atteindre le pied des murailles et, si la porte d'Asti et la grosse tour qui flanquait la courtine regardant la Cisterne subirent un feu vigoureux, leurs débris furent incessamment enlevés par les défenseurs. Des fascines lancées par l'ennemi furent retirées par des hommes hardis, à me-

[1] Blaise de Montluc, Comment., édit. citée, p. 313 et suiv.

sure qu'elles tombaient; en somme, le fossé ne put être comblé et, la brèche faite, il eût fallu encore des échelles et une double escalade pour pénétrer dans la place, protégée, derrière ses murailles abattues, par des remparts en terre. On était en janvier 1553; depuis le 9 octobre, les travaux des assiégeants étaient constamment contrariés, tant par les saillies des assiégés que par les attaques de Montluc, logé à la Cisterne, et par celles de Bonnivet, demeuré dans Albe après y avoir repoussé le premier choc des Impériaux. Enfin, « les pluyes commencerent à venir, lesquelles destremperent « si bien ces terres grasses, argilleuses et enfondrantes du « Montferrat, que les plate-formes de l'artillerie commen- « cerent à s'abaisser et enfoncer, les vivres aussi à estre de « difficile conduite, et les cabanes et logis des soldats à « estre remplis d'eau. L'ennemy se trouvant combattu de la « valeur de ceux de dedans et de l'intemperie du temps, fut « contraint à prendre resolution de lever le siege qui avoit « duré prés de trois mois. S'ils ne se fussent hastez de « retirer l'artillerie avec despence et labeurs infinis, elle fust « demeurée engagée devant la place, le pays estant tel qu'on « enfondre en temps de pluye jusques aux sangles[1]. » La place de Saint-Damien fut délivrée le 22 janvier, peu de jours après Metz et de la même manière.

Les succès des armes et de la diplomatie en Italie avaient grandement contribué à l'élévation française; ils méritaient d'être consacrés par le bronze en même temps que la défense de Metz et la reprise d'Hesdin. (Voir plus haut la médaille mentionnée page 76 et décrite planche VIII.)

[1] Boyvin du Villars, édit. citée, p. 127.

APPENDICE

Outre les médailles qui consacrent le souvenir des sièges racontés dans le premier article et dans le second, il en est d'autres qui ne se rattachent que d'une manière générale par leur millésime, leur légende ou leur type, à la période de succès que traversa la France de 1551 au commencement de 1553.

N° 1. HENRICVS II DEI·GRATIA·FRANCORVM·REX. Le buste du Roi à droite, casqué et revêtu d'une cuirasse, à l'exergue S.

℞ SVA CIRCVIT ORBE FAMA·1551· Une Renommée ailée sur un globe; au-dessus, une étoile.

Cette médaille, du module de 16 lignes, porte le millésime 1551; elle a été frappée avant Pâques, c'est-à-dire avant le 17 avril 1552, au moment où l'armée royale entrait dans les Trois-Évêchés. La légende du revers se trouve déjà sur une médaille de François Ier, mais plus correctement, avec l'accusatif ORBEM.

N° 2. HEN[RICVS]·II· écrit horizontalement dans le champ. La figure du Roi debout coupe en deux cette inscription. Henri II est vêtu à l'antique; du côté droit, son bras est couvert du brassard et sa main enveloppée d'un gantelet élève une longue épée; du côté gauche, le bras est entièrement nu et la main posée sur un arc soutient un caducée; au-dessus de la tête nue du Roi, une couronne est soutenue par un couple allégorique : la Victoire et la Paix. Cette composition complexe, mais d'un très-beau style, est expliquée par la légende circulaire : ET·PACE·ET·BELLO·ARMA·MOVET.

℞ OB RES·IN·ITAL[IA] GERM[ANIA]·ET·GAL[LIA] FORTITER·GESTAS. Un quadrige au pas à droite, dans lequel sont assises trois femmes : la Renommée et l'Abondance se tournent l'une et l'autre vers une figure sans emblème, mais qu'on doit identifier, d'après la médaille suivante, avec la Victoire; sous le char, un casque; à l'exergue : EX·VOTO·PVB[LICO] 1552.

Grand module (26 lignes). — Cette belle médaille existe au Cabinet de France; elle a été gravée dans l'ouvrage de Van Mieris (Histori der nederlandsche Vorsten, 1735, in-f°, t. III p. 314) d'après un exemplaire qui se trouvait dans la collection d'Abraham van Alphen, à Leyde. Cependant le catalogue des Coins du Musée monétaire (Paris, 1833, in-8°, page 5, n°s 12 et 14) compose deux médailles différentes, en adoptant indistinctement les deux faces du n° 2 comme revers et en associant successivement chacune d'elles à un buste de Henri II. Mais il est difficile d'admettre que le type du Roi debout ait été primitivement employé comme un revers, car la présence du nom HEN[RICVS] II donne à ce type le caractère essentiel d'un droit. On ne doit donc pas accepter, comme l'ont fait les auteurs du Trésor de numismatique et de glyptique, cette combinaison qui place Henri II sur les deux faces de la même médaille, ni celle qui oppose à la tête royale le quadrige au pas. Ce dernier type ne se montre sur les médailles de frappe ancienne qu'au revers du Roi debout, et c'est par une confusion dans le classement des coins antiques conservés à la Monnaie qu'il en a été séparé; je reproduis ici ce quadrige au pas, afin qu'on puisse le distinguer de ceux qui étaient associés à la tête royale (voir les nos 3, 4 et 5).

N° 3. HENRICVS · II · GALLIARVM REX INVICTISS[IMVS] P[ATER] P[ATRIAE] · Henri II à droite, la tête laurée et le buste chargé d'une cuirasse ornée d'arabesques.

℟ OB RES IN ITAL[IA] · GERM[ANIA] · ET · GAL[LIA] · FORTITER AC FOELIC[ITER] · GESTAS. Un quadrige au galop à droite et dans lequel sont assises l'Abondance et la Victoire, caractérisée par une palme; devant elles, une Renommée, les ailes éployées, entonne la gloire du Roi dans une trompette au fanon fleurdelisé; dans le haut de la médaille, une couronne; sous le char, des trophées; à l'exergue : EX VOTO PVB[LICO] 1552.

L'ensemble de cette médaille est d'un très-beau style et d'un dessin élégant. Ma collection; bronze doré; exemplaire du temps; 24 lignes.

N° 4. J. J. Luckius donne (Sylloge numismatum elegantiorum, Argentinae, 1620, in-f°, p. 151) une variété de revers du n° 3 ; la Victoire et l'Abondance sont debout; la Renommée est drapée à l'antique.

N° 5. HENRICVS·II FRANC[ORVM] ·REX INVICT SS[IMVS] P[ATER] P[ATRIAE]. Buste à droite, lauré.

℟ TE·COPIA · LAVRO · ET · FAMA · BEARVNT. Quadrige à gauche au galop. La Victoire, tenant une palme et une couronne, est assise à côté de l'Abondance; à l'avant du char, une Renommée debout tient les rênes. A l'exergue, les lettres NV̄IA, qui, par leur dimension, semblent continuer la légende.

M. Charles Lenormant, dans le Trésor de numismatique et de glyptique, propose dubitativement de traduire le mot abrégé au revers par N[O]V[AR]IA. Lors même qu'un fait de guerre se serait accompli sous Henri II à Novare, le nom de cette ville ne se serait pas abrégé de cette façon; le signe abréviatif était la marque habituelle de la suppression des nasales M et N, et le mot abrégé est NV[M]I[N]A, sujet pluriel de BEARVNT (Cf. van Mieris, Op. cit., p. 314).

N° 6. HENRICVS·II·FRANCORVM·REX. Buste à gauche, tête nue.

℟ ΟΛΟΣ·ΑΓΟ·ΜΗΧΑΝΗΣ. Dans le champ, Persée délivrant Andromède.

La légende, tracée par un graveur inhabile, est inexplicable telle qu'elle est. L'auteur du Trésor de numismatique et de glyptique proposait ΟΛΑΙΣ ΑΓΩ[ΝΙΖΟΜΑΙ] ΜΗΧΑΝΑΙΣ, *je combats par tous les moyens*, version qui n'a aucun rapport avec le symbolisme montrant le Roi sous les traits de Persée, délivrant l'Allemagne ou l'Italie, prête à être dévorée par le monstre qui désigne Charles-Quint.

Il faut lire ΘΕΟΣ ΑΠΟ ΜΗΧΑΝΗΣ, équivalent du proverbe latin *deus ex improviso apparens*, et faisant allusion à la situation de Henri II, l'arbitre de l'Europe, si l'on veut le *deus ex machina*. Cette restitution est d'autant plus vraisemblable qu'il ne faut pour y arriver non pas modifier des mots entiers, mais rétablir trois apex évidemment omis par le graveur, la barre horizontale du Θ, les deux hastes horizontales de l'E, et la seconde haste verticale du Π. Sans cette restitution, il faudrait supposer, comme l'a fait M. Charles Lenormant, pour la seconde lettre de la légende, qu'un L latin aurait été introduit dans une inscription grecque. Les anciens numismatistes n'avaient d'ailleurs pas hésité sur cette leçon. Luckius (Op. cit., p. 137), en reproduisant cette médaille, l'attribue à l'année 1549; je ne pense pas que la démonstration faite en Écosse et que le rachat de Boulogne puissent suffisamment expliquer la légende assez prétentieuse de *deus ex machina*.

Juillet 1875.

TABLE DES MATIÈRES

INDEX DES PLANCHES

Paris. — Imprimerie de Pillet fils aîné, 5, rue des Grands-Augustins.

www.ingramcontent.com/pod-product-compliance
Ingram Content Group UK Ltd.
Pitfield, Milton Keynes, MK11 3LW, UK
UKHW022104260726
13993UKWH00001B/323

9 782329 303710